猶太教的世界
Judaism

宗教的世界
2

丹・康─沙塞保 *Dan Cohn-Sherbok* 著
傅湘雯 譯
輔仁大學西洋史教授 羅漁 導讀

總　序

　　今日的有識之士和學生，都需要對當前這個小而複雜的世界，建立整體性的認識。五十年前或許你還不把宗教當一回事。但是，今天我們既已更加精明老練，就當看出宗教和意識型態不單形成了文明，更直接影響到國際事務。因此，值此即將進入廿一世紀之際，這幾本小書針對主要宗教提供了簡明、平衡，極具知識性的導引性介紹，其中一冊還介紹了當前宗教景況的變遷。

　　在今日，我們期望的不只是博學多聞，更盼能由當前這許多南轅北轍且極度複雜的宗教生活與信仰中，得到啓迪。這幾本極具見解且易讀的宗教簡介書，便可以帶你探索各中的豐富內涵——了解它的歷史、它的信仰和行事之道，同時也抓住它對現代世界的影響。這些書籍是由一組優秀且相當年輕的學者所寫成，他們代表了宗教學術領域裡新一代的作家。這些作者在放眼宗教的政治與歷史性影響之餘，也致力於以一種新鮮而有趣的方式來展現宗教的靈性層面。所以，不管你是只對某一信仰的描述性知識感興趣，還是有心探索其中的屬靈信息，都將會發現這些簡介極具價值。

　　這些書著重的是現代這個時期，因為所有宗教都不可避免地因著過去兩百多年的創傷性經驗，而產生了變化。殖民主義、工業化、國家主義、宗教復興、新宗教、世界戰爭、革命，和社會轉型，豈僅影響到了信仰，更從中擷取了宗教和反宗教的勢力來重塑我們的世界。在過去二十五年裡，現代科技——由波音七四七到全球網路——在在都讓我們這個地球顯得益形微小。就連月亮的魔力都難逃科技的捕捉。我們也將在這些書裡遇見一些當代

的人物，以爲過去這幾百年裡諸多改變的實例。同時，每本書都對宗教的不同向度(其教導、文學、組織、儀式，和經驗)提供了有價值的意見。在觸及這些特色時，每冊書都設法爲該做成全面包容性的介紹，以幫助你了解隸屬某一特定信仰所具的意義。正如一美國原著民的諺語所言：「未能設身處地經歷別人的經驗以前，別遽下斷語。」

　　爲了幫助你做此探索之旅，書裡還包括了好些有用的參考輔助。每一本書都收納了一份編年表、地圖、字彙集、發音指南、節慶表、加註的書單，和索引。精挑細選的圖片提供了宗教藝術、符號，和當前宗教儀式的範例。焦點方塊則更進一步的探索了信仰和某些藝術層面間的關係——不論是繪畫、雕刻、建築、文學、舞蹈，或音樂。

　　我希望各位會覺得這些介紹既有意思且具啓發性。簡潔應是機智之魂——它也成爲我們初試此一文化與靈性主題介紹時最爲需要的。

加州大學比較宗教系教授
尼南・史馬特
Ninian Smart
1998年於聖塔芭芭拉

作者序

我生長在科羅拉多州丹佛市枝葉茂密的郊區,同時處在兩個極端不同的世界裡:一個是典型的美國高中生活,但是下午和週末假日裡,上的則是猶太的宗教學校。後來我又成爲位於麻省山區裡的威廉學院裡的學生(一個非常外邦人的環境),隨後又就讀於希伯來聯合學院——猶太宗教學園,一個強烈猶太化的環境。

在我成爲合格的改革派拉比(rabbi)之後,我便遷往英國,成爲那裡劍橋大學的學生,在這樣一所深受基督宗教傳承影響的學術機構裡學習,畢業後,我先後在坎特伯里和威爾斯兩地教授猶太學術。這期間,我一直努力於整合猶太傳統與現代生活的要求。

這正是當前猶太人面對之兩難困境的核心,而本書的目的也就是在突顯僅存的猶太文物在此高度世俗化世界裡的窘態。本書始於市郊猶太生活的描述,進而探索猶太宗教組織的性質、以色列國、誰算猶太人的問題,以及全球猶太社會的特點。此一討論爲後續的猶太人歷史的敘述布置好了舞台,藉以描述自聖經時代以至現今的猶太歷史。這之後還有針對正統與非正統猶太教的基本信仰和作法所做的概要性介紹。

最後一章則轉向到猶太家園的成立,針對下世紀以色列所趨的方向,提出了一些基本的疑問,並檢視了未來猶太教的主要挑戰。從頭到尾,我們都在鼓勵讀者深思猶太人值此邁入新的千禧年之際所遭遇的各項重大問題。正統猶太神學,傳統猶太儀式作法,托拉(Torah)的神聖地位,古老的猶太人定義,自古以來的女性角色,政治上的以色列國,以及猶太信仰的首要地位,全都

受到質疑。猶太人若不想滅絕，便必得面對這些問題。這裡面所
關係到的，正是猶太的存續問題。

英國威爾斯大學

猶太教教授

丹‧康-沙塞保

Dan Cohn-Sherbok

1988‧4

導　讀

　　作者美籍猶太人丹・康-沙塞保（Dan Cohn-Sherbok），曾受完全美式與猶太教育，獲「拉比」（Rabbi）銜。後到英國劍橋大學深造，先後在坎特伯里與威爾斯教授猶太學術。他的志向是把猶太的傳統與現代生活融合在一起，換言之，沙塞保是位現代正統派猶太人（Modern Orthodox）。他撰寫這本「猶太教」（Judaism），從介紹美國鄉下猶太人的生活到城市的猶太人，把那裡猶太教大致分為三種信徒介紹於下：

　　一、嚴格正統派（Rigid Orthodox）：他們深信「托拉」（Torah）是耶和華親自在西奈山（Mt・Sinai）上啓示給摩西的，每日祈禱三次、守安息日、穿傳統服飾、長時間戴瓜皮帽、飲食遵古禮，絕對不能怠忽，蓄鬍、兩鬢髮不剃（頁75）；平日穿黑色外套和黑色寬沿禮帽，擁護錫安主義（Zionism），遵守六一三條戒律；重建以色列國，殷望彌賽亞速來拯救他們。堅信救主來時，會帶來黃金時代，祂為神的代理人，會恢復公義、糾正一切謬誤，屆時全球和平將會出現（頁90）。

　　二、現代正統派或新正統派（Neo-orthodox）或改革運動派（Reform Movement）：主張宗教多元化，在家守古禮，出外自由，婚姻自擇，很少在二十五歲前結婚，十九世紀在德國產生（頁7）。注重道德而不注重宗教儀式，且企圖予以簡化（頁8）；為和基督徒親善，寧願把安息日從週六移到禮拜天舉行（頁52）。對錫安主義淡漠而對住在國效忠，不接受彌賽亞救贖。另外還有本世紀在美創立的改造主義派（Reconstructionism）：該派認為宗教為演化文明，包括宗教與世俗的成分，信仰耶和華與否並非重要

（頁 9）。在底特律又有所謂「人本猶太教」（Humanistic Judaism）：認爲宗教只是純人的創始，其內容不斷地改變，五〇％不屬任何會堂。男嬰不必行割禮，不送子女到宗教學校就讀，與不同宗教的人結婚，絲毫不顧宗教傳統，只享受二十世紀的幸福生活（頁8）。主張男女平等，男十六歲、女十二歲皆行「成年禮」（頁100）。

三、保守正統派（Conservative Judaism）：本世紀晚期產生，它居於前兩者之間，放棄一切與世隔絕的猶太傳統法律、習慣和禮儀，擁護基本信條與規律，男嬰應受割禮，若干禁忌與節日仍需遵守（近正統派）不信托拉永恆不變，對口傳托拉「塔爾姆德」（Talmud）部分可以靈活處理，禮拜可用希伯來語或英、德語任便，不等候彌賽亞降世；宗教意義不拘形式，只重精神實踐（近改革派）在美有三百萬之眾。自一九七〇年起該派、改革派與改造派皆主張女子也可以擔任「拉比」職等。

另外，筆者對以下幾點加以說明：

一、以色列稱「巴勒斯坦」（Palestine），非如作者謂從哈德良皇帝（Hadrian，117-138，頁34）始用，此名爲希臘歷史之父希羅多德（Herodotus，484-425 B.C.）始用此名稱它；羅馬時期、自龐貝（Pompey）於六三年進入耶路撒冷後，方成爲該地正式名稱迄今，以前叫迦南（Canaan）。

二、羅馬地窖（Catacomb）遍及市郊東，尤其東南有多處，據統計全長有三十餘公里，爲教難時期（67-312）早期避難所與葬亡之處，數世紀有幾十萬教友葬於此。而猶太人葬於地窖者實爲鳳毛麟角，當然是仿天主教徒辦法，把死者葬在隧道兩側的墓穴中，而非如作者稱學自巴勒斯坦（頁31），因爲那裡根本沒有所謂「地窖」存在。

三、猶太教徒用的祈禱巾，爲祈禱時披在背上的長方型亞麻白布，盡頭有流蘇，代表六○○，四角有孔，用兩頭有穗的白繩四根，各從四孔穿過而成爲八，兩穗上有五個繩結，這樣成六十三，以提醒猶太人應守的律戒計六一三條。巾在盡頭有黑色或藍色條紋，代表對聖殿毀滅的哀悼，今日以色列的國旗也是如此。正統派祈禱時有時用它把頭連雙肩全蓋起，改革派僅披在肩上。爲兒子行成年禮時、新娘贈新郎禮物常送祈禱巾，身後還置入棺中殉葬呢！

　　四、猶太教經匣爲兩吋大的黑色皮盒，內藏托拉經句，有兩條黑色皮帶，晨禱時置在頭頂，兩皮帶在頭後打結，餘剩皮帶經兩肩垂在胸前。另經匣置在左臂肘內側，將皮帶先在小臂上繞七圈，後在手掌上繞三圈，做成希伯來文雅威之字母，最後繞在中指上。這都是嚴格正統派重視的習慣。

　　五、以色列建國之父赫芝耳（Theodor Herzl，1869-1904）倡錫安主義，爲建國首次於一八九七年八月卅一日在瑞士巴塞爾（Basel）召開會議，通過建國綱領；不幸一九○四年七月三日在第六次會議後罹患重病，四十四歲死在捷克蘭森醫院中。臨死前希望在建國後，把他葬在耶路撒冷。聯合國准猶太人於一九四八年五月十四日建國，猶太人於次年八月四日將他移葬在耶城赫芝耳山上。

　　猶太教是人類最古的「一神教」，它的聖經就是天主教、東正教與基督新教所遵崇的聖經「舊約」，爲虔誠的基督徒每天必念、必讀與默維的精神糧食。因爲猶太教是基督宗教的前身，我們稱它爲「古教」或「書教」，此正由於「舊約」是由他們之手繼承過來的。雖然中世紀在歐洲曾「迫害」過猶太人，因爲他們的祖先曾要求羅馬總督把救主釘死。其責任，自願由他們及其子

孫承擔。不過近幾十年來歐人已不如此想。

　　天主教和猶太教的關係大爲改善首從一九六五年開始，教宗保祿六世（Paul VI，1963-1978）爲此在所頒佈「我們的時代」（Nostra Aetate）通諭中，強調猶太與天主兩教同是屬靈的教會。除教宗保祿六世的通諭外，教宗若望保祿二世今年還特意往訪羅馬猶太教堂，當面向他們的大拉比托多夫（Topiff，Chief Rabbi of Rome）及全體猶太民族致歉意，當時各新聞媒體都曾登載。

　　凡涉獵中國史者皆知北宋時代（960-1127）在京都開封曾有猶太社團，一千多人從印度來到汴梁，建有「會堂」；明季不少參加科舉，成爲士大夫。晚清基於無拉比領導，逐漸被同化，部分它遷，餘二百家一千多人改信伊斯蘭教。一八六〇至一九六五年間天津與上海也曾有猶太社團，後者尚有「猶太學院」。他們多數從俄國，少數從波蘭、德國移來，人數多至三萬。一九四九年後，又多移民美、澳和以色列。我們看這本《猶太教的世界》，是希望能對這個奇特的民族，尤其對他們的宗教有所瞭解。

輔仁大學西洋史教授
羅　漁
1999.11.18

目　錄

猶太教編年表

西元	事 件
約2000-1750BC	大族長時代（亞伯拉罕、以撒、雅各）
約1750 BC	雅各一家在埃及定居。
18世紀 BC	第一次提到「阿皮」（Apiru），可能是希伯來人的祖先，見馬里（Mari）文獻。
17/16世紀 BC	亞洲西克索（Hyksos）王朝統治埃及。
13/12世紀 BC	出埃及。定居迦南。士師（Judges）時代。
11世紀 BC	掃羅王建立君主制度。
10世紀 BC	大衛王時代征服耶路撒冷。所羅門王時代建造首座聖殿。
約930年 BC	所羅門王去世，王國分裂。
第9世紀中葉 BC	先知以利亞和以利沙的時代。
約840年 BC	黑方尖碑（Black Obelisk）上顯示耶戶王（King Jehu）向亞述稱臣。
8世紀 BC	先知阿摩司（Amos）、何西阿（Hosea）、彌迦（Micah）和以賽亞（Isaiah）等時代。
8世紀末期 BC	猶大國希西家王（King Hezekiah）的改革。
7世紀末期 BC	約西亞王（King Josiah）的改革。發現摩西五經中的申命記。
721BC	北國為亞述所亡。
586BC	北方十支派被逐。耶路撒冷聖殿首次為巴比倫人所毀。
586-538BC	猶太人被俘至巴比倫。
538BC	返回耶路撒冷及聖殿的重建。
5世紀 BC	經師以斯拉（Ezra）領導宗教更新。
4/3世紀 BC	猶大地先後為波斯、馬其頓和埃及帝國征服。

198BC	猶大地爲塞流卡斯王朝(Seleucid dynasty)統治。
164BC	馬加比革命。建立不安定的獨立。
63BC	猶大地成爲羅馬帝國的一部分。
37-4BC	希律王(King Herod)的統治。聖殿重建。
1世紀	法利賽人(Pharisees)、撒都該人(Sadducees)、和艾賽尼人(Essenes)時代。
70	猶太戰爭中,耶路撒冷第二聖殿被毀。
132-35	西緬·巴·寇可拔(Simeon bar Kochba)之叛亂最後失敗。
1世紀末期	拉比學院在亞弗乃(Javneh)建立。
3世紀	猶大·哈拿西編纂米示拿(Mishnah)。
4世紀末期	編纂耶路撒冷塔爾姆德(Talmad)。
6世紀	編纂巴比倫塔爾姆德。
8世紀	愷列德人(Karaites)的出現。
約800年	奧馬條約(Pact of Omar)規定了伊斯蘭敎帝國境內的猶太人生活。
9/10世紀	猶太人向歐洲、北美和伊拉克遷移。
10/12世紀	西班牙猶太人的黃金時代。
1096年	第一次十字軍東征萊因區(Rhine land)猶太人遭到大屠殺。
11世紀末期	拉西(Rashi)編纂聖經注釋。
1144	第一件血謗事件在英國諾威治發生。
12世紀中期	哲學家邁毛尼德(Maimonides)編寫猶太的法典。
1291	猶太人從英國被逐。
13世紀以往	波蘭猶太人受到保護。
13世紀末期	《光輝之書》(Zohar)與神祕傳統的出現。

1492	猶太人被逐出西班牙。
16世紀	神祕傳統在巴勒斯坦的撒非鎮(Safed)復興。
17/18世紀	東歐猶太人承受諸多改變。
1648	在波蘭/立陶宛發生奇米尼克大屠殺。
1666	沙伯泰‧薩費(Shabbetai Zevi)皈依伊斯蘭教。
18世紀初	東歐敬虔派的出現。
18世紀中葉	猶太啓蒙運動 (摩西‧門德爾松 Moses Mendelssohn)。
18/19世紀	西歐猶太人獲得民權日益增多。
19世紀	西歐和美國改革運動成長。
1818	首座改革派會堂在德國漢堡建立。
1875	希伯來聯合學院(Hebrew Union College)在辛辛納提(Cincinnati)開幕。
1880-1920	東歐對猶太人大屠殺。大量移民到美國。
1896	法國德雷福斯(Dreyfus)案。
1897	赫芝耳(Theodor Herzl)在巴塞(Basle)主持首屆錫安主義會議。
1919	國際聯盟同意英國託管巴勒斯坦。
1933-1945	納粹反猶太主義導致六百萬人被屠殺。
1948	以色列的建國。
1967	耶路撒冷在六日戰爭裡重新統一。以色列取得對西岸、加薩走廊和戈蘭高地的控制權。
1970年以後	改革運動按立女性爲拉比。
1990年代	衆多俄國猶太人移民以色列。
1993	以色列政府和巴勒斯坦解放組織進行和平談判。
1995	以色列總統拉賓遇刺。

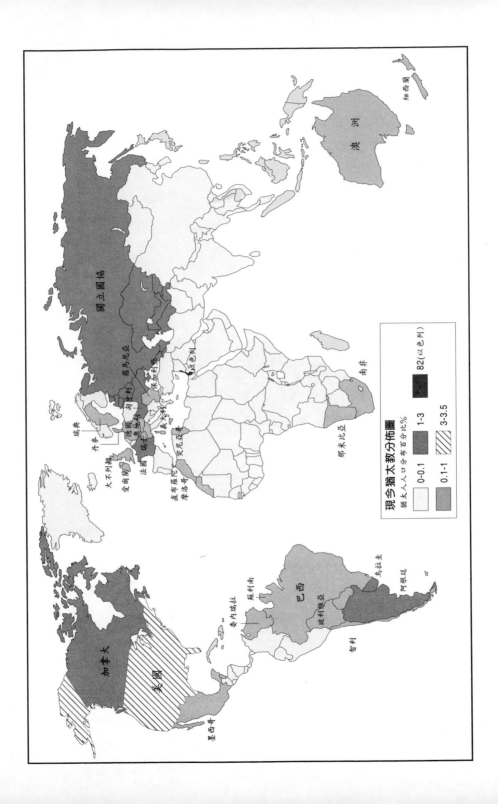

現今猶太教分佈圖

猶太人人口分布百分比%

0-0.1
0.1-1
1-3
3-3.5
82(以色列)

獨立國協

瑞典
丹麥
大不列顛
愛爾蘭
德國
法國
直布羅陀
摩洛哥
羅馬尼亞
匈牙利
奧地利
義大利
保加利亞
希臘
突尼西亞

以色列

耶米比亞

南非

澳洲

紐西蘭

加拿大

美國

墨西哥

委內瑞拉

哥倫比亞

蘇利南

巴西

玻利維亞

智利

烏拉圭

阿根廷

Ⅰ 緒 論
*I*ntroduction

市郊的安息日

猶太希伯來聖經首卷「創世紀」，叙述了上帝以六天的時間創造天地，並按祂自己的形象造人。第七天祂便休息，從此這日就被人稱為**安息日**（Sabbath）。當摩西得到**十誡**（Ten Commandments）時，上帝再次曉諭以色列人，「當紀念安息日，守為聖日」。

安息日——按猶太傳統，為始於週五傍晚，而結束於週六傍晚——被認為是一年裡最神聖的日子（唯一可能的例外便是**贖罪日**——Yom Kippur），但其實每十二個月裡都會有五十二次這樣的日子。基督徒也接受安息日的觀念，只是時間是星期日。

猶太社區以許多不同的方式來守安息日。以下就是目擊者親眼所見的極端**正統派**（Orthodox）家庭在星期五晚上守安息日的情況。

這是美國大城市市郊夏日裡的一個週五晚上。鄰近的這些房

舍雖然不大，卻保養得很好，周圍有細心種植的樹木遮蔭。到處可見自動噴水機正在運作，所以週遭的草地都長得青蔥茂盛。這是個正統派猶太人居住的地區，當天的安息日就快要開始了。

　　成群的男人和男孩正在徒步走向**會堂**（synagogue）。雖然天氣很熱，但他們還是穿著黑色的外套和長褲，頭上不是戴著瓜皮小帽（skull caps），就是大大的黑色禮帽。大多數人都蓄鬚，白色儀式用的**繸子**（fringes）要求垂在長褲的外邊。遊行的隊伍裡也包括了**拉比**（rabbi），他頭戴黑帽，身穿閃亮的長袍，牽著兩個兒子一起走來。

　　此時，屋子裡正鬧哄哄的，就連拉比家裡的吹風機也嗡嗡的直響，孩子們叫著、跺著腳，還不斷有奔跑的聲音傳來，充斥著一種緊張的氣氛：電話得立刻回，因為根據猶太律法，一旦安息日開始，電話就必須保持靜默。餐廳裡已經擺上了供二十人吃的晚餐。兩個非猶太裔的女人在廚房裡做著各樣的準備。然後，家裡所有的女人突然都出現了。拉比的妻子和她的母親和姊妹，都盛裝打扮妥當，頭上披著樣式精緻的假髮（wig）。猶太律法規定，結婚婦女必須蓋頭，而許多正統派的猶太社群都已經習慣以戴假髮來實行這項誡命。那裡還有三名身著長宴會裝的小女孩和三名小男孩，其中兩個還是嬰兒。

　　此外，女性賓客中還包括了一名俄國婦女，和她帶來的女兒和孫女。她們是當天稍早才從聖彼得堡來到美國的。拉比當下就邀請她們到他家一起過安息日。她們完全不通英語，但有另一位曾在這個國家裡呆過一年的俄國婦女跟她們一起。這些婦女中，她是唯一不屬正統教派的，但是為了表示對主人夫婦的尊重，她還是用一條大圍巾把頭髮完全覆蓋住。

　　接下來這些婦女便點燃了安息日的蠟燭，用希伯來文說著傳

統的安息日祝福辭：「我主上帝，宇宙之王，是該稱頌的，祢以祢的十誡使我們成爲聖潔，敎誨我們要點燃安息日之燈。」那裡一定要有三十支蠟燭，所以等到男人們由會堂回來的時候，餐桌上已經燈火通明了。「安息日（Shabbos）平安，安息日平安！」他們會這樣對這些婦女們說。其他人則是以更純粹的希伯來問候語彼此致意，問候安息日平安（Shabbat Shalom）。除了這些丈夫以外，還有姪兒外甥和幾個在當地**業西瓦**（塔爾姆德學院；Yeshiva—Talmudic academy）裡就讀、正在研習猶太法典的年輕學生。

　　拉比在餐桌的一頭坐下，他的岳父則坐在桌子的另一頭。在場的每一個人要一個接一個的舉杯祝頌。安息日的詩歌由較年輕的女婿帶頭唱，而且只有男人才能唱。根據最嚴格的正統派猶太律法的解釋，男人是不可以聽女人唱歌的，所以女人都是靜靜坐著，享受這番音樂。接下來食物便上桌了。這是一場盛宴，有魚餡餅（gefilte fish），雞湯水餃，烤雞，碎麵包雞，甜雞，蘋果布丁，馬鈴薯布丁，洋蔥布丁，和一大盤的蕃茄和黃瓜沙拉。食物都是完全**高聖**（kosher）的。雞是由合格的屠宰師，以人道且合於禮儀的方式宰殺的。嚴格的猶太食物律例規定，牛奶和肉食不可以同時奉食；所以，這既是一頓肉食餐，就不會有任何乳製品上桌，連甜點也是非乳製品的冰淇淋。幾位俄國婦女都很驚訝，竟還有這樣的東西。

　　這頓飯吃得非常非常久。拉比的妻子，及其母親與姊妹，一直在服事著這些男人用餐，鮮有坐下的時間。同時，廚房裡的兩位**外邦**（Gentile）女人也在忙著洗刷，並由火爐裡取出更多的食物，而外面男士們的歌唱也持續進行著。等到大家再也吃不下了，傳統的謝餐歌便隨之唱起。於是好不容易，終於曲終人散

安息日晚餐，家長要為麵包吟誦祝謝詞：「你！我主上帝，宇宙之主是該稱頌的，祂由土裡產出麵包來。」

了。這位記者，因為住在城的另一邊，而猶太律法既禁止在安息日，以任何有加裝馬達的載具從事旅行，所以當晚就留住於此。她和丈夫坐著跟她的公公聊天。老人是個十分可佩的人，他生長在只算溫和正統派的家庭，讀過哈佛大學，但是婚後卻決定要為其家庭提供一個極端猶太人的生活方式。他有七個兒子，兩個女兒，全都長大成婚，他也有了三十多名孫子。以事業而言，他的家庭企業做得很好，他也跟妻子一起建立並支持了兩所小小的猶太高中，一所是供男孩子讀的，一所供女孩子讀；此外，他也常捐款贊助其他諸多猶太事務。事實上，就是因著他的發起和努力，這個社區才會如此繁榮興盛。

十點半鐘的時候，燈火閃爍起來。在大多數正統派的家裡，

燈火都是以定時器管制的，到了時候就會自動熄滅。十誡的誡命之一，是禁止在安息日工作。後來到了好幾世紀以前，猶太拉比規定了點火也算為一種工作。於是連開關電源也在禁止之列。雖然已經到了上床就寢的時刻，但安息日卻並沒有過完。直到次日日落之前這一整天，都是要完全用於祈禱、團契、和與神親近。這是一週的第七日，為安息日，是休息之日，是猶太人帶給這個世界的最大禮物之一。①

猶太人的宗教組織

這一幕安息日的景象，同見於歐美各大城市及以色列全國所有嚴格正統派的猶太家庭裡。其他的猶太家庭則以不同方式紀念安息日。較不正統的做法是在一家人用餐時，吟誦祝謝辭和唱歌——但是每一個人，包括男女老少，都一起加入。還有些家庭則不大有明顯的宗教儀式，但是週五晚上和週六還是被視為一種特別的「家庭」時間。

嚴格正統派只是人數不甚多的一個小團體，卻也是最明顯可辨的一群人。這些男人穿著特殊的黑色衣裝，戴黑帽，佩儀式用繸子。女人和女孩則恪守平實保守的原則。裙子要過膝，袖長過肘，衣領要高，襪子常不離身。他們的生活受數不盡的**托拉**（Torah）條款（廣義的猶太律法）所制。這意味著他們大多彼此相近地住在自我區隔的社區裡，因為他們必須住在距會堂走路能到的距離之內。幾乎所有男性要每天禮拜，甚至可能一天兩次。會堂建築要男女嚴格區隔。律法研究之事主要留給男人從事，女人則在家裡擁有崇高的統治權。

除非有醫療上的需要，否則節育是不被鼓勵的。年輕男女二十出頭就早早結婚了，人口眾多的大家庭為人視為一種祝福。連

做愛也受托拉律法的節制。婦女在經期和之後的七天裡不可跟丈夫發生性關係。每個月這段時間過去，婦女要在社區的儀式性沐浴（米克維；mikveh）裡淨身過後，才可以重續婚姻關係。孩子要上猶太學校，在那裡男女孩是分別授課的，而且課程也不一樣。除了正常世俗的學習以外，他們還要學習希伯來文，並研習猶太聖經。男孩到了十幾歲的年齡，就要開始讀**塔爾姆德**（Talmud，意為口傳托拉），也就是西元六世紀後在巴比倫編纂的龐大猶太律法。自猶太高中畢業之後，他們也不會進入世俗的大學，而是進業西瓦學院（Yeshiva），在那裡專修猶太知識。女孩子則進入另一種神學院，裡面的課程稍有不同，她們可以由此而取得某類的教學證書。這些年間，年輕人會在長輩細心的監督下會面，交換看法，訂婚，然後結婚。婚姻生活的頭幾年，他們通常接受父母和親戚的經濟支持。要到這名年輕男子完成了其律法研習，也建立起一生之久的習慣以後，他才開始正式的謀生事業，獨立扶養他的家庭。

　　儘管正統派以數目而言，是個不足為道的宗教運動。美國六百萬的猶太人裡，只有三百萬有其所屬的會堂，其中又只有三十萬為嚴格正統派教徒。因此，大多數的美國猶太人不以自己為正統派教徒，多數參加一種所謂**現代正統派**（Modern Orthodox）——也稱新正統派（Neo-Orthodox）——的運動。信從者認為精通現代文化，又兼恪守律法的猶太人是有可能的。在他們的會堂裡，規律的每日祈禱禮拜仍然舉行，男女也是分開席坐。會眾也穿著較傳統的正式服裝，只是多數男人都長時間戴著他們的瓜皮小帽（只要清醒時刻與非沐浴時）。許多現代正統派信徒也都守猶太的**食物規條**（Kashrut）。有些人會有些妥協——或許在家裡吃合律例的食物，但外出則是什麼都吃。子女可能會讀

猶太學校，但是在這些學校裡，世俗科目的重要性卻完全不輸猶太學術的研習，而由此畢業的學生也都準備進一般傳統的大學。婚姻上，現代正統派教徒則與嚴格正統派的不同，他們不靠父母安排婚姻，而是自己選擇婚姻配偶（最好是同社群的），而且他們也很少二十五歲以前成婚的。他們組成的家庭裡，子女的人數不會太多，妻子也很可能會有自己的事業。

儘管現代正統派運動有這許多對現代主義所做的讓步，但它仍繼續教導托拉（Torah）乃是上帝啓示之言，而且最早爲先知摩西在西乃山（Mount Sinai）上與上帝面對面時，由上帝頒授與他的（見41頁）。正如該運動的創始人參森‧拉菲爾‧賀奇（Samson Raphael Hirsch， 1808-88），所宣示的：

> 如果我們的宗教指示我們應放棄所謂的文明與進步，我們會義無反顧的奉行，因爲我們相信我們的宗教是眞的宗教，是上帝的話；在它之前，一切其他考量都需棄置。猶太人評斷任何事，都須以上帝所頒之律法這個不變的試金石爲準。凡不能通過此一檢驗的，對他而言，都不存在。②

雖然正統派主控了以色列國的宗教組織，也是歐美世界一股強有力的勢力，許多猶太人還是很排斥這種他們視爲猶太教之基本教義派的理解方式。相反的，他們建立起另類的組織和禮拜方式，是他們覺得能把猶太教的精髓做更佳表達的作法。十九世紀裡，隨著聖經批評主義的出現和猶太人在世俗世界裡可趁之機日增，兩項重要的新運動也隨之興起。一是起於十九世紀初期的改革派（Reform）運動，它鼓勵了宗教的多樣化，自由思考和個人

自主性。改革運動的成員竭力強調猶太教中他們以為更具重要性的道德層面，而非單重儀文事宜。他們認為，在正統派裡，猶太教已經成為一種內觀的教派。但是現在，在歐洲這個自由主義益形昌盛的時代裡，應該是讓普世性的猶太價值觀，更開放地與基督徒，甚至全無宗教信仰的同胞一起共享的時候了。即使這表示他們會如正統派指控他們的，甚至簡化崇拜的形式，也在所不惜。

因此改革派猶太人強調先知傳統的重要，也相對地貶抑了那些猶太流放年間所建的法典傳承與拉比傳承。他們認為自己是在促使猶太教更合於現代猶太人之需，因為畢竟他們也有一腳是踏在一般民間社會裡的。他們說，十誡的道德教訓應該是高過那些瑣碎的過時律法的，也就是那些有關獻祭、儀式性的純潔食物、和其他使猶太人與其非猶太國民有所區分的古老習俗。

但是沒過多久，改革運動本身再次分裂，一面贊成適度改變，一面則贊成激進改革——主張會堂崇拜時應放棄希伯來文，改採地方性語言；去除他們認為過分強調猶太民族特殊性的祈禱文；甚至有主張把安息日由週六改制週日，以便更近於其基督徒鄰舍。

這些新派別之一後來發展成了**保守猶太教**（Conservative Judaism），這是本世紀稍晚所興起的一項美國運動。它接受某些猶太生活方式的改變乃為不可避免，並在改革派與正統派之間尋求一種妥協。今天美國境內大多數隸屬特定會堂的猶太人——大約有三百萬人——或選擇加入為保守派或改革派。

改革派和保守派在信仰和儀式作法上有一些重要的差別。保守派教徒的做法，正如其名所暗示的，會較改革派的保守，他們對背棄古老的傳統，態度較為遲疑。在別的國家裡，像是英國、

法國和匈牙利等，也有類似的爭議圍繞一些禮拜方面的細微差別產生，造成了各派別裡林林總總的新名詞。在英國較傳統的組織自稱改革派，而較激進的則自稱為自由派。所有這些派別都接受現代聖經學術之研究所得。其信徒不信托拉是上帝與摩西口述紀錄者，卻視其為起始於古代以色列不同時代之傳承的彙集整理。一方面它確為上帝的啟示，但也同時為這類發展的省思所得。

在這意義下，非正統派的猶太人覺得，自己有權調整、甚至拒絕某些與現代理性有悖的猶太律法裡的規條。因此當美國改革運動的拉比們，在一八八五年於匹茲堡舉行的會議裡訂立了他們的原則，並且宣示：「我們惟以道德律例為不可違逆，唯獨維持有助提升且淨化我們生活之儀式，但拒絕一切不合現代文明之觀點與習慣之種種。」③此後該運動雖已成長發展，但今日改革派猶太人仍多允許其成員按其個人選擇，決定是否要遵守食物律例。他們相信男女之間絕對平等，並且拒不接受那些不利女性的純潔與離婚之律（見第5章）。男女孩子一起接受完全相同的宗教教育，而且近年來，保守派和改革派運動還雙雙按立了女性的拉比。

本世紀裡還有另外兩個運動也開始出現。**改造主義**（Reconstruction）是來自保守派猶太教。其創立者摩德凱·卡普蘭（Mordecai Kaplan, 1881-1983）教導，猶太教應該被理解為一種演化中的文明，其中應同時包括宗教與世俗的成分。信仰上帝不再為必要，而會堂也應改造為涵蓋各層面的猶太文化中心。而另一個名為**人本猶太教**（Humanistic Judaism）的運動，則更為激進。此一運動始於密西根州的底特律，由塞溫·懷恩拉比（Rabbi Sherwin Wine, 出生於1928）領導。他教導猶太教應如所有其他的宗教，為一種純人的創始，且不斷在改變；該運動接納許多的

信念與生活方式，而懷恩更對該信仰的人性層面大肆頌揚。

　　另外有一項因素也應納入考慮：很多猶太人根本沒有任何宗教歸屬。大約有五〇％的人不屬任何會堂，也不送子女去宗教學校，不少人跟不同信仰的人結婚，也自由享受二十世紀世俗生活方式裡的一切好處。

　　但是很多人儘管對其宗教傳承有此明顯的冷漠態度，卻仍自認為猶太人，覺得自己隸屬猶太傳統。有些人以參與猶太社區的活動來做此表態，像是幫助俄國猶太人，做慈善捐款，或是支持一些教育機構等。另外有些人則是藉著學習其祖先的**依地語**（Yiddish），或是聆聽東歐猶太克里茲摩音樂（Klezmer music），來連接其猶太後裔的身分。還有些人則是覺得，藉著參與一般主張社會正義的活動（像民權運動，或是兩性平權），便能實踐出猶太遺產的道德責任。這種身分認同一個明確的焦點，便在委身於猶太以色列國的心志。

　　在這種世俗的圈子裡，如此辯解常不乏聽聞：「我們雖然不信教，但是我們確實很支持以色列。」現代**錫安主義**（Zionist）運動——取自古猶太信仰，力求返回以色列國土——是奧地利的記者德奧道‧赫芝耳（Theodor Herzl, 1869-1904），於一八九七年第一次錫安主義會議裡發起的。赫芝耳相信，**反猶太主義**（anti-semitism）是歐洲基督教的社會裡一種地方性現象，而猶太人是身處異域的少數民族，是永無安全可言的。為了追求自由，他們必須擁有一塊屬於自己的土地。發展早期，錫安主義曾廣受東歐受壓迫者的支持，卻為繁榮新世界裡的**進步主義猶太人**（Progressive）所排斥。但是等到第二次世界大戰（1931-45）的**大屠殺**（Holocaust）造成全世界近三分之一的猶太人喪生在納粹死亡集中營中以後，輿論便為之改變。今天所有猶太社群、正統派、進

步主義派和世俗人士，都團結一致，堅決要在戰後給猶太人一個家鄉，在政治上成立以色列國讓他生存下去。

以色列國

一九四八年（五月十四日）以色列國建立，許多人視此為一項宗教夢想的實現。每年在過春季舉行的**逾越節**（Passover），當禮式用餐完畢，在座者都會誓言，「明年在耶路撒冷過節！」而本世紀裡，自從西元一世紀巴勒斯坦的猶太統治告終以來，近兩千年來頭一回，此一盼望終成為事實。

納粹的反猶太主義和大屠殺有效地摧毀了古老的東歐猶太社群。那些歷經集中營的苦難而倖存的人，大多發現原居之地已無其立足之所。於是以色列成為他們的目標，一旦新國成立，約有三分之二歷經難民營苦難的人都回這裡定居下來。於是以色列人口大為增加。一九四六年時，大約有六十萬的猶太人居住在這塊土地上。到了一九八九年，官方統計，猶太的人口已經超過了三五〇萬。這樣的增長還是在歷經一九五六、一九六七、和一九七三年三次慘烈的戰爭，又不斷有軍事危險，和幾近無法克服的經濟問題下發生的。

當然也決非所有移民均為大屠殺的倖存者。事實上以色列的立國，是因著猶太移民、因著願意以武器自衛、也因著聯合國的決心而實現的。週遭的國家，像是埃及、約旦、敘利亞、和黎巴嫩等，都曾堅決反對一個猶太國家出現其間，甚至強烈的阿拉伯反猶太主義也因之而起。於是很多伊斯蘭教國家的猶太人生活——即所謂的**東猶**（Sephardim）的猶太人——都變得苦不堪言，而移民**應許之地**（Promised Land）的想法也就顯得格外引人了。因此許多人都自土耳其、伊拉克、敘利亞、黎巴嫩、伊朗、葉門

和北非國家大規模移民進來。甚至，出乎世人想像的，還有衣索匹亞的黑人猶太人，以及同為逃離長期反猶太主義傳統而來到此間的前蘇聯境內的大批移民。

以色列國也出了好些它自身所產的宗教趨勢。巴勒斯坦的一位前任**大拉比**（Chief Rabbi），亞伯拉罕‧以撒‧庫克拉比（Rabbi Abraham Isaac Kook）就試圖把無神錫安主義的猶太人重建古以色列國的活動，解釋為一件神聖之事，因為他認為這是「以色列救贖」的一部分。他也相信托拉是地方式宗教的一種使靈性與實際價值相結合的融合。庫克既為世俗與虔誠猶太人之間建立起橋樑，此即所謂**米拉其**（Mizrakhi）運動，以給宗教性錫安主義一種新生命。因此今天大多數以色列現代正統派的猶太人，似乎都曾為米拉其運動捐款。

雖然以色列有來自諸多不同國家的猶太人，與多種內部的宗教運動，但是比例代表的選舉人制度，還是讓嚴格正統派在此取得了可觀的影響力。這套制度讓他們得以保有對拉比法庭的掌控，並防止世俗結婚與離婚方式的引進。他們接受國家為其專研宗教科目的學校所提供的財力支持。業西瓦和神學院很多，而且在宗教事務部的主導下，會堂和宗教法庭也都領有政府的資金贊助。兩位大拉比均具有公務員的身分，一個代表**西猶**（Ashkenaz-im；東歐出身的猶太人），一個代表東猶（sephardim；東方的猶太人）。該部門由正統派主控，雖然進步主義的神學院和會堂也存身於此，但是這些非正統派運動的推展都進行得很艱難。他們既沒有政府的經濟支援，又為宗教權力機構所強烈抵制。

很多以色列人並沒有什麼時間參與傳統猶太教的活動。世俗與嚴格正統派學校的區隔，使得雙方很難相互了解。一些嚴格正統派主張的年輕人所採取的激烈立場，像是堅持恪守安息日之例

（他們中甚至有傳出朝行駛中的車輛拋擲石塊的舉動）和阻止人從事考古挖掘（猶太律法禁止挖掘屍體），當然也深為世俗以色列人所痛惡。而嚴格正統派教徒可以宗教為由，免除兵役義務這一點，也使得他們失去了一項重要的連結性經驗。甚至那些在軍隊服役的正統派猶太人也有問題。他們既矢志獻身托拉（按他們對它之理解），這一點就常與其為國盡忠之職牴觸。拉賓首相（Prime Minister Yitzhak Rabin）在一九九五年十一月為一名極端主義的業西瓦學生所殺這件事，就是一個很極端的例子。

但是以色列依舊是一個猶太國家，為猶太世界的焦點所在。雖然它有社會、軍事、經濟和宗教等方面的諸多問題，但它卻激發了猶太人的強烈忠誠心。正如傳統的逾越節儀式所言，「今年我們在這裡，明年我們就將在以色列土地上。今年我們為奴，明年我們就要得自由了⋯⋯」④

誰是猶太人？

在某一重意義上，猶太教是跟基督宗教和伊斯蘭教有其根本差異的。猶太人的身分主要不是靠接受一套信仰系統或是遵守一種特定的生活方式而來。根據猶太人的律法，一個人只要是出身自猶太母親，他或她就算為猶太人。任何能直接追溯其**母系**（matrilineal）血統，至一位能為社區接受為猶太女子的人，按此定義即被稱為猶太人。根據**米示拿**（Mishnah），這本西元二世紀左右編纂的猶太律法合集，「你從**以色列**的（Israelite）女子所得之子稱為你的兒子，從異教女子所得之子便不能稱為你的兒子。」⑤

這個定義有三個明顯的好處。第一，它清楚好懂。第二，孩子母親懷孕生產的狀況既為有目共睹，她的身分就幾乎無庸置

疑。相反的，父親的身分就比較不好認定了。第三，在漫長的受虐、被迫害的歷史過程中，任何因為強暴而受孕的嬰兒都仍可算在猶太的欄圈內。因為猶太的身分是一件身體的遺傳，個人的宗教信仰倒與此無關。所以，根據**哈拉卡**（halakhah——猶太律法），一個人可以信奉伊斯蘭教或基督教，卻仍算為猶太人；歷史上就產生過很多此類人之例。托拉裡就教導，即使是有意排斥此一信仰的背教者，仍算為猶太人。

但是要皈依猶太教倒也是可能的。塔爾姆德便描述了此一程序：

> 拉比說：若是現在有人來，想要皈依這個信仰，他們問他說：你為什麼要皈依此教呢？你難道不知道猶太人是受蹂躪、被追捕、受迫害、又遭騷擾，要忍受許多困苦的嗎？如果他回答：我都知道這些，但這不是我應得。那他們就要接納他，無須再有爭議。⑥

但事實上此一程序要比僅僅如此複雜得多了。許多世紀以來，任何基督徒的歸信猶太教，都會為基督教會視為重罪。除了拉比向來所教導的，非猶太裔的人只要願意遵守幾項基本的道德律法，他們就可為上帝所接納，另一方面，猶太人也是有義務遵守所有繁複的托拉律法的。因此，他們主張，成為猶太人並無好處，因此也不必鼓勵人歸信此教。

近年來有關誰是猶太人的問題，因著美國改革運動最近做成的一項決定，已經又顯得更加複雜起來。統計顯示，猶太男人比猶太女人有更多向外尋求配偶的狀況，而一九九○年的全國猶太人口調查指出，與外族通婚的整體比例，高達五七％左右。因

此，改革派拉比協會宣稱，只要是有一位猶太父母（不論是父親或是母親）的子女，就有取得猶太身分的可能，而一位擁有猶太父親的子女，只要受過某種形式的常規性猶太教育，就必須視爲猶太人。不過，此項決定當然是不爲仍堅守傳統母系後裔之例的正統派和保守派人士所接受。

隨著以色列國的成立，這件事也顯得日趨嚴重。到底誰才能成爲以色列公民呢？在經過一番討論以後，**以色列國會**（Knesset）通過了**回歸法案**（Law of Return），明白陳述「每一位猶太人都有權移民至這個國家〔以色列〕。」它並且進而把「猶太人」定義爲一個「生自猶太母親，或是已經歸信猶太教且不是另一宗教之信徒者。」此外，這等人的近親也都有資格成爲以色列公民。⑦由於歸信猶太教的性質本身並未定義，因此所有透過非正統運動而進入此教之教徒，也都可以算是。既然非猶太裔的家庭成員都獲准納入，外邦配偶和子女，以及許多無法取得嚴格母系後裔證據者當然也都得納入。

今日世界的猶太社群

在過去二千五百年裡，猶太社群裡絕大多數的人都住在以色列國土之外。一九三九年二次大戰開始以前，據統計，全球的猶太人數目約爲一六五〇萬人。這其中，有七五〇萬人居住在東歐和俄國，二百萬在西歐，一百萬在亞洲，五十萬在非洲，五五〇萬在新世界。⑧ 因此，最大的猶太社群就數東歐地區的波蘭、奧匈、巴爾幹、俄國和波羅的海三小國，形成了該地區裡商業和專業領域的一群卓越中產階級。此地有極興盛的宗教生活，大多數猶太人都集居在**斯泰托**（Shtetls），也就是居民以猶太人爲主的小鄉鎮。他們的共通語言是依地語；年輕男人在著名的業西瓦

裡研習塔爾姆德；在家裡行傳統的宗教儀式，過著以會堂和家庭為核心的生活。較大城市裡，像是在波蘭、奧地利的維也納以及俄國南部的敖得薩（Odessa），這些少數的猶太人，則有越來越多的人開始過起了新生活。世俗社會的引誘使得**同化**（assimilation）為之趨強。很多人攀爬當地的社會階級之梯，成為傑出的律師、醫生、記者等。但是他們的成功也不時引起同國非猶太裔國民間的反猶太主義情緒，對他們的成功感到憎嫌。

二十世紀初，斯泰托組織漸被蝕空。移民美國為這些東歐猶太人提供了新機會。據估計在一八四○年至一九二五年之間，有超過二百五十萬的猶裔人口移入美國。最後傳統的生活方式在納粹大屠殺的災禍裡被摧殘淨盡。數字述說了這個恐怖的故事。到一九四八年時，全世界的猶太人縮減到只剩下一一五○萬人。其中有將近六百萬住在美國。西歐的猶太人如今大約只剩下一百萬；東歐則不到一百萬，蘇聯還另有二百萬，新成立的以色列國內則約有五十萬。那以後以色列的人口已有顯著的增加，但另一方面新模式也建立起來。美國仍是有史以來最大、最富裕、最有勢力的猶太社群所居之地。其規模是以色列國的兩倍，後者則名列第二。不過，以色列社會跟美國不同之處，在於後者以西猶為主流，而前者則約為西猶與東猶各半。排名第三的則是前蘇聯各邦的那些國家，但是那裡的猶太人在共產政權統治下的年間，一直都被剝奪了對其宗教與文化遺產的認識。

所以，若想見識**客居他鄉**（Dispersion；希臘文作 Diaspora，離散的猶太人；遊子）的完整猶太生活及其多樣的變化，依然得觀察美國這裡。這些各式各樣的團體，為數之多，常令人為之迷惑。各種宗教意見各有其代表性的會堂，包括那些必須處身女性主義或同性戀氣氛裡才感自在的人，都各有合其性向的敬拜團

體。此外，也有形形色色的猶太慈善活動。猶太人很慷慨，常大方地支持很多正當的活動。每個美國城市裡都有猶太人的養老院，和一整個街的老人與殘障者的養護所。此外也還有猶太家庭代辦，猶太醫院和猶太喪葬社。這個社群支持無數教育性的組織，從嚴格正統派的業西瓦到進步派的猶太人的日間學校，從會堂托兒所到猶太式飲食的夏令營，無所不包。他們也為年輕成人設有猶太社區中心，提供各種休閒活動，像是猶太鄉村俱樂部、圖書館、博物館，和包容廣泛的成人教育計畫。為猶太慈善活動捐獻被視為是一種**善行**(米茲瓦；Mitzvah)，而美國境內的猶太組織團體都是大企業家。

但是來美國三、四代之久的家庭也並不很多，他們也跟以色列的情況一樣，其祖先來自於世界各地。第四大的社群則是法國境內的猶太人，為數大約六十萬。這群人口特別有意思，因為它是兩大鮮明文化的遇合。雖然古老的西猶社會在第二次大戰期間曾遭佔領該地的納粹大批殺害，但倖存者卻有北非湧入的大量東猶與之結合。今天一半以上的法國猶太人住在巴黎，因而使得巴黎有「全歐最大、最活潑之猶太生活中心」之稱。⑨

英國在大戰期間逃過了納粹的統治，其猶太組織也安然無恙的保存下來。今天英國有超過三十萬的猶太人，其中多數屬於正統派的聯合會堂，接受大拉比的領導。不過，雖然這些人多自居為正統派教徒，但倒也不見得必然遵守正統派的生活方式。政府、工商界、專業領域和藝術領域裡，都有傑出的猶太人升至強勢的地位。反猶太主義的情況很罕見，大家都能安然居住。事實上有些家庭還是早在十七世紀就已定居該國的猶太後裔。

歐洲每個國家都還是有些小社群存在。以色列以外的亞洲地區，約有五十萬之譜的猶太人散居於西起土耳其、東至中國的廣

大區域之內。最近香港才新建好一座新會堂。印度的猶太人更是特別有意思的一群。他們宣稱在聖經時代就已來到這個國家,有好幾個古老的社群生活於此,但是直到十八世紀之前,彼此間卻似乎毫無接觸。在某些地方,白種與黑種猶太人之間還會有社會階級制度的區隔,直到最近這些次群之間還是互不通婚。

至於在美國以外的新世界地區,加拿大居住了三十多萬的猶太人,阿根廷有將近二十五萬左右,拉丁美洲的其餘地區也有約等量的人數。南非的社群總數超過了十萬人,澳大拉西亞有七萬名以上的猶太人。這些人口都各有其自身的特殊特點。有些社群很古老,有些則主要為躲避納粹主義的難民所創。

北非有好幾個古老而重要的社群。但是近年來,他們已經大量耗盡。阿爾及利亞自法國治下獨立以來,多數的猶太人都已離開,不是去了法國,就是去了以色列。突尼西亞和有史可考的重要開羅社群,都發生了大規模的外移現象,以至於埃及只剩下數百名猶太人而已。甚至在摩洛哥,儘管國王經常表達深願其猶太臣民生活得和平興盛,但該地的社群還是由二十多萬萎縮到約僅二萬名而已。

但是有機會登上報紙頭條的非洲社群,則為衣索匹亞的那批。沒有人知道這些衣索匹亞猶太人的真正起源,他們自己則宣稱是所羅門王和示巴女王的後裔。雖然此言之真實性仍頗為可疑,但是一九七三年時以色列的大拉比仍公告他們為以色列人,兩年後他們就獲准在回歸法之下,有取得以色列公民身分的資格。

因此猶太社群基本上是屬國際性的。很多成員都有強烈的愛國情操,並且認同其所居之本土國家。同時,他們也共享同一歷史與經驗。猶太人可能屬於許多不同種族、出自差異極大的各種

社會經濟環境、信仰差異極大。但是，同時他們也有同屬一民族的意識，而「整體以色列」（K'lal Israel）的觀念，對他們而言也極為重要，只是此語究竟應作何解，則是各說各話，莫衷一是。

註　釋

①摘自丹與拉維妮亞‧康-沙塞保(Dan and Lavinia Cohn-Sherbok)，《美國猶太人》(*American Jew*)(倫敦： HarperCollins，1994．Grand Rapids： Eerdmans,1995)．PP.180-1。

②參森‧拉菲爾‧賀奇(Samson Raphael Hirsch)，《有關猶太教的十九封信》(*The Nineteen Letters on Judaism*)，由拉維妮亞與丹‧康-沙塞保引用於《猶太教小讀本》(*A Short Reader of Judaism*)(Oxford, One World, 1996)，p.138。

③G．W．Plaut,編輯，《改革猶太教之成長：美國與歐洲本源》(*The Growth of Reform Judaism： American and European Sources*)，由康-沙塞保引用於《小讀本》中，p.135。

④逾越節哈加達(Hagaddah)(多人合輯)。

⑤Kiddushin III。

⑥Yebamot XLVII。

⑦以色列法規：回歸法，由康-沙塞保引用於《小讀本》中，p.170。

⑧根據《猶太百科全書》(*Encyclopaedia Judaica*)裡所述之統計數字，由康-沙塞保引用於《小讀本》中，p.164。

⑨Nicholas de Lange，《猶太世界地圖集》(*Atlas of the Jewish World*)(Oxford，1984)，p.174。

2 猶太人的歷史
The History of the Jewish People

聖經時代的猶太教

以色列人——猶太人的祖先——的早期歷史，大體根據的是希伯來聖經所叙述的故事。猶太人也稱此書為托拿可（Tonakh；該字由其所含三部分內容的名稱字首組合而成）；而基督徒則稱之為舊約，並將其納於他們的聖經裡。聖經的前五卷書稱為**摩西五經**（Pentateuch；Torah 托拉），它的第一卷書——創世紀——裡，就已解釋了猶太人之信仰基要——上帝創造世界。

但是由於其中包含的一些事件、人物、和家譜，並不為考古學發現，以及鄰近民族所撰寫的以色列人相關史料所支持，所以學者們對於這些聖經叙述的歷史精準性並不確定。

猶太人相信他們是由**族長**（Patriarch）亞伯拉罕所出的後裔，聖經的叙述和家譜指出，後者為西元前一七〇〇年至一九〇〇年間某時刻的人。亞伯拉罕是中東吾珥（Ur；在今伊拉克）地方的人。上帝應許他，若是他願離開既有的舒適生活，他就將成

爲大國之父。雖然他與其妻都已不再年輕，又沒有子女，但是亞伯拉罕還是接受了這個召喚，成爲一名游牧四方的牧人。這期間，他曾從一名女奴得了一名兒子以實瑪利(Ishmael， 約1850 BC)，就是阿拉伯民族的祖先。但是以實瑪利並不是上帝應許的後嗣。最後，出乎意料之外的，亞伯拉罕年老的妻子撒拉，生下了她自己的兒子，以撒(Isaac， 約1850BC)。後來上帝與這位族長間建立起了**聖約**(Covenant)關係。上帝應許，祂會保護維繫亞伯拉罕的家庭，他們將如天上的星辰一樣繁多，而他們也將成爲祂的**選民**(Chosen People)。另一方面，亞伯拉罕的子孫也必須遵守上帝的誡命。爲此，特別有割禮的設立，以此爲該聖約之表徵：「你們所有的男子都要受割禮……這是我與你們立約的證據……你們世世代代的男子……生下來第八日都要受割禮。」①直到今日，連許多世俗的猶太人都依然給他們的兒子行割禮。這一直保留爲基本的信心規條。

這三位先祖，亞伯拉罕，他的兒子以撒，和他的曾孫雅各(Jacob， 約1750BC)，一直在猶太傳統裡深受人尊敬。雅各還被賜與以色列之名(「一個曾與神較力的人」)後來雅各帶著他全家，在埃及定居。他是十二個兒子的父親，後者便是後來十二支派的始祖。起初他們是那裡備受禮遇的移民，但是出埃及記裡記載後來「有不認識約瑟(雅各倒數第二個最小的兒子)的新王起來，治理埃及。」②於是埃及人奴役以色列人，要他們去築城。但是，故事指出，有一位在法老的宮廷裡養大、名喚摩西的猶太年輕人，卻在上帝的鼓勵下，要帶其族人走向自由。上帝在這塊土地上一連降下大災。最後一個災難是所有頭胎出生小孩都得死亡，以色列人卻得以避開這個大難。他們被指示要殺一頭小羊羔，把牠的血塗抹在他們房舍的門框上。滅命的天使看到這個

血跡就會「越過」這戶人家。埃及人在驚恐之餘，終於允許以色列人離去。於是他們收拾起財物，還來不及等麵團發酵，就匆忙逃離了這個國家。直至今天猶太人仍以**逾越節**（Pesach）這個慶典來紀念這個事件，並成為猶太信仰裡最重要的節慶之一。過節期間，一連八天，不可吃任何發過酵的食物。此節之始為一頓團圓晚餐，席間要重述其祖先由其受埃及奴役到逃出來的過程。

有四十年之久，這些逃亡在外之民在西乃（Sinai）半島的沙漠裡流浪。摩西就是在這期間領受了這崇高無上的啟示。在西乃山上，他獲頒了托拉，即猶太律法。這套律法就珍藏在摩西五經裡，也就是猶太聖經裡的前五卷書——創世紀、出埃及記、利未記、民數記和申命記。正統派相信，托拉是上帝實際口述給摩西的紀錄。就像邁毛尼德（Maimonides； 1135-1204）這位偉大的哲學家與法典編纂大師所言，「我以完全的信心相信，如我們現所知的這套完整且全備的律法，就是當年授與摩西的那一套……我以完全的信心相信，這套律法永不會改變，也不會有別的律法由造物主而來取代其地位。」③雖然改革派和保守派的猶太人採取了他們認為較具彈性的立場，但是對所有猶太人而言，托拉總是其信仰生活之基。敬虔人每週都要在會堂裡誦讀一段**托拉卷軸**（Torah Scroll），每年都需把摩西五經讀完一遍，這樣週而復始的誦讀。猶太人真是一個奉行此書的民族。

約書亞記描述了以色列人征服這塊他們視為上帝應許之地的迦南地（現代的以色列地）的歷程。最早以色列人是由一系列於面臨軍事危機時所興起的頗具領袖才幹的士師所領導，但是漸漸地大家開始感受到國王領導的需要。起初十二支派選擇了一個名叫掃羅的年輕人（十一世紀）為王，但是在為一鄰國大敗之後，他卻自殺了。繼他之後接任的，便是大衛（西元前十世紀）。他一直都

是一位傳統視爲理想之君的國王，各方面都很優秀。他征服了耶路撒冷城，以該地爲其首都，而且上帝應許他，他將建立其後裔「直到永遠，要建立你的寶座，直到萬代。」④猶太人至今仍相信，當上帝差派新君王，**彌賽亞**（Messiah；受膏者），帶來地上的神國統治時，這一位亦將會是大衛所出的後裔。

大衛的兒子所羅門王（約930BC）在耶路撒冷建造了壯麗的**聖殿**（Temple），奉獻給這唯一的眞神，每天在此獻祭，讚美這位全能者，也爲以色列人所犯之罪贖罪。但是在所羅門死後，北方十支派便脫離了南方的兩個支派，成立了自己的王國。在這段王國分裂時期（930-722BC），有很多聖經**先知**（Prophet）在爲上帝服務。以利亞（Elijah，西元前九世紀）、何西阿（Hosea）、阿摩斯（Amos）、彌迦（Micah）、和以賽亞（Isaiah）〔整個西元前八世紀〕，都做了災難將臨的警示。他們深信上帝將因爲祂的百姓輕忽其言、過邪惡的生活、且不忠於聖約而懲罰他們。其中以利亞更是特別有力的一位，他甚至是根本沒死，就被火車火馬帶上天去的。至今正統派仍然相信，現在他還在等著將來重返人世，預示彌賽亞日子的降臨。

事實證明，這些預言都非常正確。西元前七二一年這段期間，亞述人（今日的伊拉克）摧毀了北國。從此北方十支派自歷史中消失。雖然有傳說認爲，他們仍在一些遙遠地區存有殘餘之民，將來要在彌賽亞的日子裡，再重新聚合，但事實上，他們已經與鄰近部族通婚，因而喪失了其國家與宗教的身分。後來西元前五八六年時，巴比倫人，也就是繼亞述人而起的強敵，又征服了南方兩支派（猶大和便雅憫）。他們摧毀了所羅門王耶路撒冷所建的聖殿，並將猶太人流放於異域。這是一個大難，但是部分就是靠著聖經先知的話語和律法的支持，猶太人還是活存了下來。

以色列人出埃及——以逾越節為紀念——的這件事，是猶太人歷史的核心事件。以色列人在摩西的領導下，由奴役中得了釋放，並在紅海分開之際，從乾地上通過，逃脫了後面的追兵。

先知以西結（Ezekiel）向百姓提醒上帝的信實安慰他們說：「這些羊在密雲黑暗的日子散到各處，我必從那裡救回他們來。我必從萬民中領出他們，從各國內聚集他們，引導他們歸回故土。」⑤

在遭流放、遠離其應許之地的這多年間，猶太的領袖們建立了一個對未來的希望。他們找尋一位有王者之尊的人物，「彌賽亞」，他將使這個國家恢復其先前的光榮，讓人類一切的衝突從此告終。更重要的是這是先知傳統的昌盛期。這些先知不但譴責猶太人採行異教風俗，也斥責以色列人過去不當的行為，堅持他們要回歸到律法真正的精神，不可徒守空洞的儀式。這些先知不是要猶太人忽視這些儀式，而是要提醒他們應謹守其道德的義務。學者們也視此為一次猶太教的精深過程，甚至是脫離其特殊神寵論的特點，轉向新普世主義的轉機。同時，先知也警告了猶太人會在敵人充斥的政治環境面臨的危險。

猶太領袖們似乎也發展出了定期聚會的做法。由於聖殿是獻祭的唯一正當所在，他們在無法再行獻祭的情況下，便聚在一起祈禱，並研讀托拉。這便是會堂成為體制之始。才不到七十年，便也輪到巴比倫人遭波斯人（來自現代的伊朗）征服的命運。雖然很多人仍選擇留在安適的巴比倫，但有一群有信心的人還是努力回到了這塊應許之地。他們在所羅巴伯（Zerubbabel；大衛的子孫）和先知哈該（Haggai）的領導下，重建了聖殿。雖然規模比先前的小了許多，但是獻祭又得以恢復。但是，從那以後，猶太人的世界就出現了兩個中心，一個是以耶路撒冷為中心的猶大地（原來的南國），另一個則是客居他鄉的猶太人，以巴比倫為其中心。

流放回來後的生活並不容易，但是尼希米（Nehemiah 西元

前五世紀）這位在西元前四四五年獲派為總督的官長，卻使得情勢為之一變。以斯拉（Ezra，西元前五世紀）把民眾聚集在一起，朗讀律法給他們聽，聽者皆為之一悚，立刻決定要恪守托拉所定的那些節期：逾越節（Pesach； Passover）、**七七節**（Shavuot；weeks）、**帳棚節**（Sukkot； tabernacles）。這是在紀念上帝從奴役中解救猶太人、把律法頒給摩西、並在曠野中保守以色列人的這諸般恩典，同時也是一種農業的慶典。此外，以斯拉堅持百姓應與其外邦妻子離婚，以便此地得以除淨其拜偶像的影響。直到今日，猶太人仍認定他們對托拉的忠心，和對異教**通婚**（inter-marriage）之痛惡，是其民族不致絕種與宗教存續之所繫。

第二聖殿與客居他鄉的猶太人

巴比倫人並沒有把所有猶太人都帶到巴比倫去，只帶了當地的領袖和富有的、具影響力的那些人。「當地的平民」都被留了下來。他們與其他在此定居的人通婚，但是卻保留了他們唯一真神的信仰。等到放逐者回來，這些人都急於強調他們與猶太人的關係，並主動提出協助重修聖殿建議。但猶太人不要他們的協助。這些後來被稱為**撒瑪利亞人**（Samaritans）在眼見不獲納為以色列人之餘，便開始發展起自己的個別傳統來。其中一小群甚至倖存至今。他們堅持其托拉版本方為正道，而他們的**大祭司**（High Priest）也才是摩西本家弟兄，第一位大祭司亞倫（Aarom）之後。西元前三三三年，他們獲准在基利心山（Mount Gerizim）上建立他們自己的聖殿。他們宣稱這才是唯一獲准獻祭之處，是上帝親自選定的。該聖殿於西元前一二八年為猶太軍隊所毀，但是撒瑪利亞人還是繼續在這座山上，作逾越節的獻祭，按其古以色列的宗教方式行事。

猶大地本身則繼續爲外國勢力所佔領。西元前三三三年，波斯王被馬其頓（位於北希臘）的亞歷山大大帝（Alexander the Great，352-323BC）所敗。亞歷山大的目標是要把希臘文化傳遍世界。他征服了由希臘直到印度邊境的廣大帝國，埃及和巴比倫都包括在內。在他死於熱病之後，他的國土便爲許多將領所瓜分。經過二十年的爭戰，這些將領的數目減至三名。托勒密一世（Ptolemy I）在埃及建立了托勒密王朝，塞流卡斯一世（Seleucus I）則是在美索畢達米亞建立了塞流卡斯王朝，安提約古斯一世（Antigonus I）則是在小亞細亞和馬其頓建立了安提柯王朝。起初猶大地是握於埃及地托勒密諸王的控制下。一般來說，托勒密王朝的諸王還能容忍猶太的宗教儀式，而尼羅河三角洲上的亞歷山大城裡也有很興盛的猶太社群。雖然這些埃及的猶太人仍忠心信奉其祖先的上帝，但是他們講的卻是希臘語，且過著相當被同化的生活。希伯來聖經最先就是在亞歷山大城裡翻譯成希臘文的；該譯本就是人所稱**七十士聖經**（Septuagint）。亞歷山大城也是著名猶太哲學家費羅（Philo，25-40BC 間）的家鄉，他曾致力於把希臘哲學和猶太教的教誨合而爲一。

　　西元前一九八年時，一位塞流卡斯王朝的國王，安提約古斯三世（Antiochus III，223-187BC）已經接掌了對猶大地的控制。雖然他也保有其前諸王的容忍態度，卻又一心要把耶路撒冷改變成希臘城市。於是各種手段都被引入，包括運動員赤身露體進行的希臘式比賽等。而以猶太傳統而言，這是全然不可接受的。而下一位君王，安提約古斯四世（175-163BC）就更不近人情了。他佔領了這個城市，廢止割禮，並且掠奪了聖殿裡的財寶。把這個建築另行奉獻給希臘諸神之王「宙斯」。他還下令，獻祭之物中應包括有豬，而這種動物卻是猶太人所視爲不潔淨的（或是不宜

食用的）。於是兩派猶太人間起了衝突。一派是希望能解放猶太儀式，以利與希臘世界融合者；另一派則是先後在祭司瑪他提亞（Mattathias, 約歿於167BC）與其子——特別是猶大地也為人稱為槌子馬加比（Maccabee，約歿於160BC）這段期間——領導下的猶太傳統派人士。安提歐克斯的軍隊支持主張**希臘化人士**（Hellenizers），但是傳統主義派人士卻成功地奪回了耶路撒冷。他們的首要之務就是潔淨聖殿，將它重新奉獻給上帝。本來僅供一日照明之用的聖油，卻神奇地持續了八天之久。這些事件都在**冬季修殿節**（Hanukkah）裡紀念。到今日猶太社群還是讓燈燭一連燃點八天之久，以慶祝猶太人勝過外國影響力的勝利。

　　瑪他提亞的子孫成功的建立了一個統治者與大祭司的王朝。塞流卡斯王朝諸王被迫承認猶大地獨立，而該王國也擴展到伊都麥亞（Idumea）、加利利（Galilee）和橫越約旦北部等地的區域。這些地區的居民都被迫皈依猶太教。但是這個猶太帝國並未能長存。到了西元前一世紀中葉，羅馬人便併吞了猶大地，並將其轉為一個附庸國。希律（Herod, 73-4BC）是羅馬轄下猶大地的一位伊都麥亞人軍事總督之子，後來成了加利利的一位官長。羅馬人被安息人（Parthian）所逐之後，希律王便逃離該地，卻在西元前三七年左右帶著一支羅馬軍隊回來征服了猶大地。當時他便被羅馬人設立為猶大地之王，一直統治該地到他去世。雖然按宗教他也算猶太人，但其同胞卻視他為篡位者，對他十分憎惡。但是，他還是為其國家做了許多事。他修建了新的凱撒港（以其羅馬主子之名命名）；也經由交涉，為羅馬帝國裡的猶太人爭取了各種權利；還重建了壯麗的聖殿。這座聖殿十分可觀，包括一座不分猶太人或非猶太人，人人都可在此交際應酬的外院，另一座僅供猶太婦女使用的，還有一座專為以色列男人使用的，以及一

猶太藝術

十誡裡的第二誡這樣記著,「不可爲自己雕刻偶像,也不可作任何類似肖像,如天上、地下,和地底下、水中的百物。」(出埃及記20：4)這主要是被解釋爲,禁止任何形式的偶像崇拜,以及製作任何上帝的形象。雖然跟伊斯蘭教徒比起來,猶太人在排斥所有圖像藝術上,還算不那麼嚴苛的,但普遍還是猶豫於在宗教情境裡複製任何人類的形象和面孔。

但是,猶太人有一項極強的技藝傳統。特別是伊斯蘭教徒的地方,猶太人依然是極有名的金屬工人,不惜精工細琢地製造禮儀器皿。每個猶太人家裡的門上都應有一個經匣(mezuzah；裝了一段特定聖經經文的小盒子)。它可能是以銀、木料、玻璃或塑膠做成,上面還有各式各樣的設計圖案。同樣的,大多數的家庭也有一只酒杯和一組蠟燭；兩者都是慶祝安息日和其他節慶的必須之物。它們也沒有統一的設計,使用的材料也形形色色,但總是極其精美之物。

在會堂裡,律法經卷習慣上是放在一個金屬盒子裡,或是一個布套子裡。兩者都是精工之飾。木質的卷軸上還會附加著繁複的金屬裝飾。這些東西常常都是跟鈴鐺掛在一起,讓人聯想到耶路撒冷聖殿裡的祭司法衣。不然它們也可能跟王冠同掛一處,象徵托拉律法統管猶太生活。覆套上則掛著一只銀質的胸牌,有時上面還刻著十誡,但不管怎樣,總歸都是銀匠藝術的精彩傑作。因爲經卷本身被視爲神聖,因此內文不可用人手碰觸,需以指示器代之。此物通常爲銀質,而且通常是做成指物狀的人手模樣。

最具有特色的，則爲七枝並列的燭臺。這是耶路撒冷聖殿擺設的一部分。如提多拱門上的浮雕（參見46頁）圖像所示，它是西元七〇年聖殿遭擄掠時，取爲戰利品帶回羅馬的。它一直都是猶太敎的象徵，並且曾以許多形式出現，在猶太歷史裡常有各種不同方式的理解。

羅馬阿庇安道（Appian Way）上的古猶大地窖。這種把死者葬在地下隧道裡，以兩側的壁凹爲墓的習俗，始自巴勒斯坦猶太人。

所祭司從事每日獻祭工作的院落。最內層的聖所爲**至聖所**（Holy of Holies）。它隱藏在一重幕幔之後，一年只有**贖罪日**（Day of Atonement；Yom Kippur）這天大祭司能進入，在那裡祈求上帝饒恕祂的百姓。到今天，贖罪日和它之前的**十日懺悔**（Ten Days of Penitence）仍是猶太年裡最爲神聖的節日。

聖殿由世襲的祭司管理。據說他們都是摩西的哥哥亞倫之後，有經文記載「他們就憑永遠的定則，得了祭司的職任。」⑥他們是由稱爲**撒都該人**（Sadducees）團體裡挑出來的，這個稱可能是從撒都該（Zadok，約10世紀BC）司祭之名而來，他是所羅門王的大祭司，也曾在大衛王下服務。**新約**（New Testament）裡提到過這些人，歷史學家約瑟夫斯（Josephus，約38-100BC）也曾描述過這批人。他們支持摩西五經的完全權威，拒絕接受那套律法口頭闡釋的恆久效力。因此，他們不相信死人**復活**（Resurrection）的教義，因爲這些都是討論複雜聖經內文後生出的結果。他們並非人數衆多的團體，但是，因爲他們是猶太國的貴族，所以往往能發揮很大的影響力，又因爲是最有權位的一群人，所以必須應付羅馬人。**法利賽人**（Pharisees）則相當不同。他們被描述爲賢哲，以擅長闡釋聖經文字聞名。他們經常在會堂裡闡明聖經的精義，而且自居爲人民的道德領袖，便在多年發展的過程中，訂出了複雜的**口傳律法**（Oral Law）。到西元前一世紀時，猶大地的每個村莊裡都有了一座會堂，供人在此聚集，聆聽法利賽人的講道。

當時猶大地裡還有其他的派別。艾賽尼派（Essenes）是個過著禁慾生活的團體，一心等待著上帝的救贖來到。我們由約瑟夫斯的著作裡得知有此徒衆的存在，他們還很可能是著名的**死海經卷**（Dead Sea Scrolls）的原始擁有人。**奮銳黨人**（Zealots）則是自

由鬥士和政治游擊隊。在希律王於西元前四年去世以後，猶大地便受到羅馬總督的管轄。這不是段快樂的時光。貧富之間相互仇視，又有連續不斷的飢荒，以及日增的彌賽亞狂熱。跟隨拿撒勒人耶穌的這一派人，特別具有這樣的狂熱。他們宣稱，上帝的國度已經降臨。耶穌被釘十字架以後，他們把這位殉道的領袖擁戴為聖經應許的那位彌賽亞，相信他的復活，並且逐漸脫離其他猶太人，成為一個明確、有區別的宗教——基督宗教。這些事件都記載在基督教的新約或**福音書**（Gospels）裡，至今基督宗教仍是世界最大的宗教。

西元六六年前後事情終於到了決斷之際。奮銳黨人起來叛亂，控制了耶路撒冷城。羅馬軍隊由北方大舉入侵，包圍了這個城市。到了西元七〇年的夏末，每日的獻祭遭到停置，到八月二十四日，希律王建的美麗聖殿也被焚毀。經過了這次蹂躪，依然矗立該地的殘垣頹壁，便是最西邊的那道**牆**（Wall）了。至今這仍是猶太世界最為神聖之所，並為眾人的朝聖目標。就連世俗猶太人也會回到這塊祖先的土地，在那裡禱告，或僅僅站立這面高牆之前緬懷致敬。此後奮銳黨人繼續在南方馬薩卡（Masada）要塞苦撐抵抗。等到叛亂終於弭平，羅馬人舉行了一次勝利大遊行，在羅馬的街道上展示得自聖殿的戰利品。這些都記載在目前仍矗立在羅馬鬧區或市場（forum；marketplace）的提多拱門上。

西元一三二年又有了一次反抗羅馬的猶太叛亂，但是一三五年就被弭平。大約這時，羅馬皇帝哈德良（Hadrian）把耶路撒冷轉變成了一個異教城市，不准猶太人在那裡生活。他還把猶大地更名為巴勒斯坦（Palestina；Palestine），也就是以猶太人的故敵腓利士人（Philistines）為名，故意抹去這片土地跟猶太人間的

提多斯凱旋門是西元八一年羅馬元老院所建，向韋斯巴先（Vespasian）和提多（Titus）父子皇帝致敬。它是在紀念羅馬人在西元66-70年的戰爭裡打敗猶太人的勝利。

關係。學者都以此時為猶太人於應許之地行使其政治主權的一個明確終結，至少接下來一千八百多年猶太人確實一直未能重掌此地。猶太人被迫跟一個新宗教制度妥協，不再以聖殿、祭司和獻祭為中心。這階段裡，地中海周圍各大都市中心都建立了猶太移民區，而猶太的宗教組織也越來越以這些為數日增的客居他鄉社群的需要與發展為重。

拉比的猶太教

聖殿既已燒成廢墟，猶太教本來很可能會像古世界的諸多信仰一樣，就此消失於無形。它能生存至今，主要是因為法利賽人

的遠見和全心奉獻。耶路撒冷被圍期間，拉比約哈拿·班·撒該（Johanan ben Zakkai，第一世紀前後）由城裡逃出，在西弗乃（Javneh）海邊上建立了一所學院。有成群的學者在那裡聚集，一起討論、發展、並保存其律法傳統。在約哈拿的繼任者，迦瑪里爾二世（Gamaliel II；二世紀初年）的帶領下，猶太人的最高律法機構——**公會議**（Sanhedrin）——又重新建立起來，飽學之士也由各地聞風而來，在此聽講並參與其間的辯論。聖經的**正典**（Canon）從此定下，每天的祈禱規劃成形，猶太領袖按立為拉比的制度也為之建立。

　　各項活動只因西元一三二至一三五年的叛亂而暫時中止了一段時間，不過學院還是轉移到了加利利。到了西元二世紀，這些律法的口頭闡釋已經演變得高度複雜，於是猶大·哈**拿西**（Judah ha-Nasi）決定把有關每一特定主題所做的辯論和決定紀錄下來。基於他所具的正式職位和權威，使得他這部律法見解之書「米示拿（Mishnah），正式成為為人接受的典籍。這部偉大的律法書，正文分為六類：色阮（Zeraim）處理農業方面的律法；摩伊（Moed）處理有關安息、禁食和節期方面的律法；拿辛（Nashim）處理結婚和離婚的律法；尼辛金（Nezikin）處理民法與刑法；寇達辛（Kodashin）處理聖殿儀式和獻祭之律；陶郝羅（Tohorot）則是處理儀式純潔的律法。它不只將結論做成歸納而已，這些辯論的紀錄都先表達了少數人的觀點（西米安拉比說……），再以最後的結論為每項記述的結束（「但是賢哲宣稱……」）。這是一部了不起的作品，以猶大·哈拿西這部書的完成，提供了一個堅實的基礎，可供人在其上做進一步的討論。

　　當時猶太領袖也致力於聖經的正解。為聖經做的拉比闡釋，被稱為**米卓許**（Midrash）。因為摩西五經尤其為人視為上帝之

言，所以對它的正確理解非常重要。於是各樣的專家為**聖經注釋**（exegesis）設計了許多規則，以免矛盾。例如，十誡裡的第四誡如此記載：「當紀念安息日，守為聖日。六日要勞碌做你一切的工，但第七日是向耶和華上帝當守的安息日。」⑦拉比們便遵照此一規定，決定了三十九項應予避免的不同工作類型，收割和點火都包括在內，所以今日正統派猶太人才會在安息日既不摘花，也不開電燈之舉。

這同時，其他的學者也在別的地方建立起了學術中心。在加利利之地，提伯利亞（Tiberias）、該撒利亞（Caesarea）和塞佛利斯（Sepphoris）等城都有著名的學院。巴比倫的猶太社群也不甘人後，該地的國王承認了其社群為首者的領袖地位，授他以**大首領**（Exilarch）的頭銜。這是個世襲的職位，握有其位的人宣稱與約雅金王（King Jehoiachin，西元前六世紀前後）——大衛一系所出的最後一位猶太君王——有血統的關係。

同時，在美索畢達米亞中部的蘇拉（Sura）和幼發拉底河（Euphrates）上的龐具底它城（Pumbedita），都建立了著名的研習學校。這些學院的校長稱為**加昂**（Gaon）。這些加昂，以及前述的大首領，控制了這個極強勢的巴比倫社群。那裡的學者不稱為拉比；因為拉比的頭銜只能經由按立儀式授與，而且只適用於猶大地。巴比倫的權威人士稱為**拉夫**（Rav）。這裡應指出，該頭銜的使用與現代的意義有所不同。今天稱為拉比的人，是一個精通猶太律法的人，他經過按立，可以從事教導和講道，通常是全時間服務一個會眾團體。而猶大地和巴比倫的學者卻幾乎都兼有世俗的職業，憑此取得維生之需。要到中世紀的時候，「拉比」這個頭銜才開始意指一個特定猶太社群的精神領袖。

解釋律法的工作仍持續進行。到了西元第四世紀末了之際，

猶大地的拉比已經把後世學者的教導，納編到米示拿六大類中的四類之中。這些額外的材料被稱爲革馬拉（Gemara；「完成」），而它們一起則被巴勒斯坦人（或耶路撒冷人）稱做塔爾姆德。而巴比倫也在完成同樣的工作。巴比倫的塔爾姆德是在西元六世紀前後完成，內容幾乎是其巴勒斯坦同型之作的四倍，而且由於巴比倫學校和大首領的影響在這段伊斯蘭教時期仍一直持續，所以也被認爲更具權威性。此書十分可觀。它不但記錄了律法的裁判和辯論，還同時包含了有關醫藥、歷史、科學和農業的多種資訊。這裡面還有格言和神話故事，民間傳說，以及禮儀的規則。因它能不斷予人以各種自由聯想之故，還有人曾將它喻爲大海。整個中世紀時期，它都是巴比倫學院的主要研習材料，並將之傳遍猶太世界各地。到如今它仍是正統派業西瓦裡的主要內容，很多人都愛飽嚐其豐富。儘管其規條許多都已不合時宜——像是和聖殿和祭司制度有關的那些——但它仍在爲人閱讀。至今在正統派社群裡，塔爾姆德研習仍爲人窮一生之力鑽研不息。

但是，也不是所有的猶太人都贊成這種口傳律法的發展。在聖殿時期，有貴族身分的撒都該人相信，只有**成文律法**（Written Law）才具權威性，後來的口傳闡釋都應略過。但是儘管有巴勒斯坦和巴比倫賢哲的諸般努力，這股意見卻似乎仍在社群裡維持下來。約在西元七六〇年時，安南‧班‧大衛（Anan ben David）這位未能中選爲大首領的宗教領袖，建立了他自己的另類運動。安南的原則是「在托拉裡窮究其理，而不要倚靠我之己見」。他堅持全部律法都應覓之於聖經，而非拉比之闡釋。此一運動慢慢傳開。信從此議之人被稱爲**愷徠**（Karaites），到了西元十世紀，埃及、北非、波斯、巴比倫和巴勒斯坦等地都有其社群建立起來。拉比們竭力抗擋該主張的入侵，卻終未能將之撲滅。許多中世紀

的著名聖經學者都出身愷徠，而他們也跟其同源的**拉比派**（Rab-banite）人士一樣，在基督徒一心想把伊斯蘭教徒逐出巴勒斯坦的**十字軍**（crusades）時期，深受迫害。但是到了十六世紀，他們的人數卻有下降之勢，到了二十世紀中葉，就只剩克里米亞（Crimea）、埃及和東歐仍有少數殘餘。一九四八年以色列國的建立，造成了一些轉變。因為按回歸法，他們也是有資格移入以色列國的人，許多人便善用此機會。因此今日以色列境內大約有七千名的愷徠社群居住其間。他們仍保持其自身習俗，有自己的儀式屠宰師，並支持其本身的宗教法庭。但是按以色列的法律和其本身習俗，他們是不得與以色列人通婚的。

基督宗教的成長和挑戰

今天世界各地都有猶太人居住。我們知道西元一世紀時，地中海周圍所有主要城市就都有其社群存在了。基督徒的傳教士保羅（西元一世紀）曾在他寫給羅馬人的書信裡提到他造訪西班牙的計畫⑧，既然他向來有先向猶太人傳教的作風，所以我們必須假設，當時西方已有猶太殖民地的存在。早期，猶太教本身似乎也就是個傳教的宗教。在新約裡，耶穌描述過法利賽人「不惜走遍洋海陸地，為引一個人**入教**（proselyte）」⑨。但這一切到了第四世紀，在基督宗教成為羅馬帝國的官方宗教以後，就都為之改變。基督徒覺得他們的新約增補並「完全」了舊約。等到基督神學發展起來，他們更強調，一旦接受了耶穌的君王身分，所有的基督徒，而非單只有猶太人，就都成了上帝的選民。外邦人既皈依了此一新信仰，再加上他們所採取的希臘思想，就造成了他們與其猶太前身之間罅隙的難以彌補。早期基督徒相信，他們是以色列所享之權的真正繼承者，而猶太人是硬心又盲目，才會排斥

其本身的彌賽亞。等到四福音書寫成，猶太人更被視為魔鬼的化身。為了一些論證的理由，新約的作者把耶穌與猶太領袖間的衝突寫入其中，於是耶穌遇難之責便理所當然地被置於猶太人身上——「他的血歸到我們和我們的子孫身上」⑩——因而種下了近兩千年的基督教的反猶太主義。

在基督徒的歐洲，猶太社群是遺世獨立的自給自足團體。基督徒的統治者既允許每個地區建有其自身的法則規定，所以第十世紀時，法國北部和萊茵區域就都出現了重要的猶太研習中心。一〇六六年諾曼人征服英國時，猶太人就已經在英國定居，而法國和神聖羅馬帝國(今日的荷蘭、德國和奧地利)各地也都有小規模的猶太社群。重要的學者裡包括有偉大的解經家拉西(Rashi——特羅伊的所羅門‧班‧以撒〔Solomon ben Isaac of Troyes，1040-1105〕)，他研究聖經和塔爾姆德方面的作品，至今仍為人視為圭臬。但是猶太人在基督教的歐洲生存卻從不曾穩妥。教會繼續教導，惟猶太民族該為基督教的彌賽亞——耶穌——之死負責，因此反猶太社群的暴動時有所聞。

十字軍更造成這種情況的惡化。十一世紀時，伊斯蘭教的土耳其人控制了聖地以及基督教的神聖之所。歐洲的君主在教會的鼓動下，派出軍隊與異教徒作戰。在海外殺戮伊斯蘭教徒既為值得嘉許之舉，那麼在家鄉騷擾猶太人當然也就理所當然了，因為反正二者都是基督徒眼中的異教徒。後來十四世紀黑死病肆虐歐陸之際，猶太人又普遍為人指控，在井裡下毒致使此病叢生，對他們做了許多可怕的指控。早在西元一一四四年，挪威、英國的社群就被控使用基督徒孩童的血來製造逾越節的無酵餅。這件事被稱為**血謗**(Blood Libel)，當時廣佈於歐洲。一二九〇年，英國所有的猶太社群全部被逐；幾年後法國國王也將所有猶太人逐

出其國境。一二九八年時基督徒暴民摧毀了德國境內將近一五〇個猶太村落。等到一四九二年天主教君王費迪南（Ferdinand）和伊莎貝拉（Isabella）把伊斯蘭教統治者逐出西班牙以後，就也把古老而成功的猶太社群自其治下一併趕了出去。

這就使得波蘭的熱情好客顯得十分引人。在這裡，從十三世紀以來，猶太人就受到保護。他們為波蘭顯貴所用，幫他們收稅和管理龐大產業。十六世紀的新教改革和天主教反改革的宗教戰爭，也導致猶太人遷移，自中歐轉往東歐。到十六世紀末，波蘭和波羅的海諸國的猶太社群，就已經是歐洲規模最大、最具權勢的一群了。社群自治的制度使得他們受益頗多。**依地語**（Yiddish；以希伯來文字書寫的德國與希伯來語言）為其共通語言，並由拉比經管他們本身的宗教法庭和業西瓦。

這期間，猶太人在伊斯蘭教國家有著不同的際遇。阿拉伯南部的伊斯蘭教創始人，穆罕默德（約590-632）原希望猶太人能接受他所傳的信息。因為他也和他們一樣，教導唯一真神，並接受**齋戒**（fast）日──類似於贖罪日──之類的猶太儀式。伊斯蘭教徒也和猶太人一樣不吃豬肉，有固定的禱告時間，並排斥崇拜任何具形象之物。穆罕默德的原始立法中，很多都跟猶太的哈拉卡（halakhah；律法）很像，而且伊斯蘭教徒也跟猶太人一樣，有範圍極廣泛的口述律法。但是，阿拉伯的猶太人並無意接納穆罕默德為上帝的先知，於是穆罕默德也開始對他們懷有敵意。麥地那的猶太社群更遭到驅逐與破壞。

但是儘管有此不幸之始，一般而言，伊斯蘭教的統治者對猶太人還是相當容忍，也能看見他們的價值。既然他們也信奉一神（相信一位上帝），所以就也沒有視其為異教徒，對他們展開聖戰的必要。雖然間或會有些負面的事件發生，但大體上猶太人還是

被允許居住於伊斯蘭教領土之內，並在此享有宗教自由。但是相對的，他們也被要求應穿著明顯服裝，以突顯他們的猶太人身分，同時不可以勸人皈依其教，並負有每年繳付額外人頭稅的義務。這當然頗具維持其特定身分之效。中世紀期間，伊斯蘭教之地都有許多成功的猶太社群居住其間。

伊比利半島上出了些詩人，像是猶大‧哈勒維（Judah Halevi，1075-1141）、摩西‧伊本‧以斯拉（Moses ibn Ezra，約1055-1135），和所羅門‧伊本‧蓋比羅（Solomon ibn Gabirol，約1021-1056），以及哲學家，例如，巴亞‧班‧約瑟夫‧伊本‧帕庫達（Bahya ben Joseph ibn Pakuda，約1110-80），亞伯拉罕‧班‧大衛‧哈勒維‧伊本‧道（Abraham ben David Halevi ibn Daud，約1110-80），和哈司代‧克瑞斯卡斯（Hasdai Crescas，1340-1412）。這裡面最有名的就數邁毛尼德（Maimonides； 即摩西‧班‧邁毛，Moses ben Maimon，1135-1204）這一位，他不但編纂了兼容並蓄的猶太律法全集（米示拿托拉； Mishneh Torah），他的哲學作品《疑惑指南》（*The Guide to the Perplexed*），更開了後續辯論風氣之先。但是西班牙之地的猶太榮耀並未持久。西班牙爲基督徒征服之後，便出現了一段不確定的時期。一四九二年時，所有猶太人更淪於全部被逐出西班牙土地的下場。唯一的緩刑是洗禮。此一富有、具文化、又成功的社群裡的所有成員，全都散向四方。有些人前往北非，有些人移往義大利，有些上波蘭，還有些則奔往土耳其。

東猶與西猶

到這時，顯然已有兩種不同的傳承並存於世。可追溯其祖先於中世紀基督徒的歐洲定居的猶太後裔，被稱爲西猶（Ashkenazim；「德國」日耳曼之意）。他們住在德國聯邦之內，經過迫害之後，則是移到了奧地利、波蘭、波羅的海三小國，以及俄國。同時，那些西班牙、北非、和巴比倫尼亞的猶太人後裔，則被人稱爲東猶（Sephardim；「東方」之意）。兩個族群都完全承認另一方的猶太人身分，只是他們使用了不同的儀式，也有許多不同的習俗。就連在比較廣義的西猶與東猶社群裡，也會有地方性的差異。西猶做的詩歌稱爲**禮拜詩歌**（Piyyutim；皮宇廷），和**懺悔祈禱**（Selihot；希里侯）。他們以其敬虔聞名，嚴守猶太律法，及其塔爾姆德學術。相反的，一般卻以爲東猶對世俗文化，態度較開放，並以其法律規則和禮儀的創造性聞名。這可能是因爲東猶寄居地的文化，較允許他們參與其間的緣故。這樣的差別在十七世紀荷蘭阿姆斯特丹城的社群裡，顯得最爲明顯。其地的原始社群爲西猶，但是在大驅離以後，很多西班牙的猶太人又來此定居。由當代西班牙和德國會堂裡的雕刻就能看出，西班牙的會衆顯得更爲富裕、有紳士派頭，也更屬世；的確，這些來崇拜的人，服飾穿著宛若要去觀賞節慶戲劇表演。德國的會堂則陰暗狹小得多；婦女也被驅至遙遠的包廂位置，滿室強烈的敬虔氣氛。習俗上的差別則是有目共睹的。在東猶的律法權威約瑟夫·卡羅（Joseph Caro， 1488-1575）出版其偉大的猶太律法法典，蘇翰·阿魯可（Shulhan Arukh；「備妥的桌子」）時，摩西·伊塞勒（Moses Isserles， 1525-72）還必須爲之添加增補篇，才能使它爲西猶接受。既然有前述這般情況，兩社群的基本猶太律法還能維持如此一致性，就也頗令人稱奇了。

現代以色列國的人口是集東猶與西猶之混合。該國在一九四八年成立時，一般認爲主要是在爲納粹大屠殺後之倖存者——西猶——提供一個避難所。但事實上，很多住在阿拉伯國家的東猶

社群，既深受其統治者的騷擾，便也趁此機會移民到以色列。

註　釋

①創世記17：10-12。

②出埃及記1：8。

③猶太信仰之原則，參照《每日祈禱書審定本》(*Authorised Daily Prayer Book*)(多人合輯)之譯文。

④詩篇89：4。

⑤以西結書34：12-13。

⑥出埃及記29：9。

⑦出埃及記20：8-10。

⑧羅馬書15：24。

⑨馬太福音23：15。

⑩馬太福音27：25。

3 現代的猶太人生活
Jewish Life in Modern Times

敬虔者與異議者

　　到了現代時期的開端，猶太人已經在歐洲各地、北非和一些亞洲國家裡安頓起來。雖然很多地方的反猶太情緒都有減輕，但是東歐的大社群還是在十七、八世紀裡歷經了諸多變遷。他們享有的安全在一六四八年時中斷了一段時間。在該年波丹‧奇米尼克（Bogdan Chmielnicki）獲選爲哥薩克人領袖，領導革命，對抗波蘭的貴族。猶太人中旣不乏爲貴族地產任管家者，便被視爲認同上層利益之流，成爲這場攻擊中的矛頭所指。那是一場慘烈的屠殺。極可能有多達四分之一的波蘭猶太人口在這場動亂中喪生，另有許多人被賣至君士坦丁堡（今日的伊士坦堡）的奴隸市場。波蘭也不再是可靠的避難所了。

　　歷史顯示，動盪不安常加深對彌賽亞的渴望，所以這也足以解釋爲何會有緊隨第一次受創後的二次創傷現象。沙伯泰‧薩費（Shabbetai Zevi， 1626-76）是一位極有稟賦，卻情緒失衡的學

者，他吸引了許多追隨者。他於**亞筆月9日**（Ninth Day of Av；Av 9）——傳統所稱的彌賽亞出生日——在斯麥納（Smyrna）誕生。在經歷過奇米尼克革命後，各處的猶太人都在盼望一位彌賽亞式的救贖者快快來臨。沙巴泰在一六五一年被逐出其原屬之社群，但是一六六五年時，加薩的拿單·便以憫·勒維（Nathan Benjamin Levi）卻視他為彌賽亞。加薩（Gaza；位於巴勒斯坦南部）的拿單認為自己是先知以利亞（是彌賽亞的先鋒者）。他在猶太世界裡遍傳這個信息，並應許土耳其的蘇丹即將被罷黜，以色列的十二支派就要再次合而為一。他把當前的困難描述為「彌賽亞誕生之陣痛……」於是全球猶太人一片喧騰。救贖日定為一六六六年的六月十八日。有當代的基督徒描述，他看到「猶太人顯出奇特的狂喜，沒有一個人做事……他們一切的談話、夢想和事務的處理似都無他，唯有其應許之地的重建，唯有彌賽亞的偉大與榮耀、智慧與教訓。」①但是，等到沙巴泰在奧圖曼帝國的首都君士坦丁堡附近上岸，他就立刻遭到當局的逮捕。他被帶到了大維齊（Grand Vizier；譯者註：伊斯蘭教國家的高級行政官員）的法庭上，在那裡他被迫在處死與皈依伊斯蘭教兩者間做選擇。最後沙巴泰和他的妻子選擇了做伊斯蘭教徒，最後則死在阿爾巴尼亞的流放生涯中。

說來奇怪，這件事並沒有就此結束。加薩的拿單仍繼續堅持，沙巴泰就是彌賽亞，而他的改信正是與邪惡勢力持續進行之爭戰的一部分。**沙巴泰的**（Shabbetean）信仰仍在某些地方維持下來，有些猶太人甚至追隨其主皈依伊斯蘭教，形成了所謂的東麥派（Donmeh；「背教派」）。東麥社群就此生存於伊斯坦堡，直到十二世紀中葉。但是對大多數的猶太人而言，這整件事的傷害極大。沙巴泰並非彌賽亞，上帝並沒有派遣他所膏立的那一位

來拯救以色列和世界。好像塔爾姆德的學術和傳統拉比學習均為枉然無益。於是東歐猶太人開始找尋新的猶太教形式。

他們在以色列·班·以利載（Israel ben Eliezer，約1700-60）——人稱美名大師者（Baal Shem Tov），又稱貝斯特（Besht）——的教導尋得所求。此人生長在喀爾巴阡山區（Carpathian mountains；在今日的羅馬尼亞），其神祕教義引來了一群追隨者。他堅持托拉的研究應為一種忠誠的行為，而日常生活之全部也都應為對上帝的一種奉獻。他特別強調敬拜應為喜樂之源；他常說，其門徒應帶著喜樂服事上帝，因為喜樂的人是充滿了對其同胞和上帝所造之物的愛。貝斯特的追隨者被稱為**敬虔者**（Hasidim），其運動也傳遍了東歐各地。各種新領袖浮現，而且假以時日，其領導權便也成為遺傳，由父及子的世代傳遞。到了十九世紀之初，約有近一半的東歐猶太人都已認同於此一新運動。

敬虔者愛深究喀巴拉（Kabbalah），即主要的猶太神祕傳統。這曾是個祕傳的傳統，起源可溯自托拿可（Tanakh）最後的時期，後來主要是在東猶之地發展。今日的學者相信，它曾影響也受到伊斯蘭教的蘇菲教派（Sufism）和基督教的敬虔主義的影響。喀巴拉的主要典籍為光明之書（Sefer Bahir）和光輝之書（Zohar）。敬虔者企圖向西猶圈子裡的尋常猶太人打開這個至今隱密不可知的世界。但是更重要的，他們由喀巴拉裡汲取了忠誠、信守、智慧、知識與理解的價值與屬性。

敬虔者的重要特質包括了喜樂與熱情，這些都成了一般人敬虔經驗裡的一部分。在有明確的敬虔教派興起前不久，各派人士都是由一位**義人**（Tzaddik）所領導，一般咸信，他是能把上帝恩典流通的屬靈管道。敬虔者藉著遵循義人的教訓，學習由繫鞋帶

波蘭洛次(Lodz)的拉比在一九一五年的安息日，徒步走向會堂。安息日是個休息的日子，也是供祈禱、查經並靈裡更新的場合。會堂的敬拜包括了誦讀托拉和先知書。

到吃飯、睡午覺等一切的生活細節中，來敬拜上帝。義人身為其社群之屬靈領袖，有大群的聽眾、能個別予人意見，並接受信徒的捐獻。描述義人神奇崇高道德的故事流傳甚廣，他們所講的道也被收集成冊，印刷出版。

東歐的敬虔團體在納粹大屠殺中受害甚眾。但是這個運動依然存活下來，特別是在美國和以色列這兩個地方。其奉行者大概

是最易分辨的嚴格正統派社群團體了，因其男人有特殊的服飾：黑帽、蓄鬚、兩側捲髮、黑色套裝、儀式性的繸子、和安息日戴的華麗毛皮帽子，更是一眼就可辨識。其最為人知的團體，便為路拔維奇（Lubavich）、撒瑪（Satmar）、白茲（Belz）、波鄯弗（Bobover）、古（Gur）和維茲尼茨（Vizhnitz）（分別以其起源之城命名）。

　　但也並非所有猶太人都信從敬虔主義。很多學者也不贊成敬虔派的偏離傳統禮儀。他們責難這些人脫離當地會堂自立門戶成立的禮拜所，更重要的是，他們對敬虔者忽略苦研經文的做法，深感驚駭。這些傳統派人士被稱為異議者（Mitnagdim），其領袖是立陶宛首都維爾納（Vilna）一位飽學的加昂（Gaon），以利亞·班·所羅門·薩門（Elijah ben Soloman Zalman； 1720-97）。這位維爾納的加昂（這是世人對他的稱呼）本身就是個神童，十三歲就被人視為塔爾姆德的大師。他決心要保存傳統學術，是復興塔爾姆德研習的重要人物。異議者和敬虔者之間衝突激烈。於是書籍被焚、會友資格遭除名，有些父母甚至在子女加入敬虔派時，為之行哀悼的儀式。

　　這兩派人之間的差別，可以用維爾納加昂的故事（不過其典籍出處頗為可疑）為例，做個有意思的說明。他正在給學生個別指導的時候，兩個男孩子卻望著窗外一隻空中翱翔的鳥。他問他們在想些什麼，有個孩子回答說，這隻鳥讓他想到靈魂升往天堂。這個回答太讓人想到敬虔派的神祕主義，所以這名男孩便被趕出了教室。另一個則說，他在想，要是這隻鳥掉下來死了，落在兩戶人家間做分隔的圍籬上，那麼這個鳥屍到底該算誰的？維爾納加昂聞之大悅，說道：「讚美上帝，總算有人知道宗教到底是怎麼回事！」

今天，敬虔者與異議者間的敵意大致已不存在。敬虔者也成了飽學的塔爾姆德專家；更要緊的是，兩派人士都面對了一個隨著西方**啓蒙運動**（Enlightenment）的來臨而出現的更大威脅。西歐的猶太人從其古代缺乏社會公民能力的禁錮中得了釋放，也越來越受到世俗文化的影響。他們開始懷疑托拉神性起源之類的基本原則的可信性。這是異議者與敬虔者都爲之深惡痛絕之事。於是他們決心同心抵抗此說，到了二十世紀末時，嚴格正統派的社群裡便同時包容了敬虔派和非敬虔派的成員在內了。

啓蒙運動與改革

正當異議者和敬虔者在東歐爭得如火如荼之際，西方卻發生了巨大的社會改變。約瑟夫二世（Joseph II）皇帝治下的神聖羅馬帝國，頒布了一道容忍敕令。猶太人不再被限定居住於某些特別的居留地，必須在原有的學校就讀，或是一定得穿著特定的服裝。一七九一年時法國的國家會議也頒行了類似的法令，給予猶太人口以完全的公民權力，而且同意予他們完全的宗教自由。拿破崙（Napoleon， 1769-1821）在接管了法國政府以後，甚至還有更進一步的行動。一八〇六年時他召開了一次猶太名人會議，翌年他更恢復了猶太傳統上的最高管理組織——公會議。從那以後法國的猶太社群就組織了一個公務員部門。

雖然拿破崙自己於一八一五年在滑鐵盧之役中落敗，但是儘管殘餘的基督教反猶太主義仍在，他的改革卻不能就此化爲烏有。好些德國和法國的知識份子都爲猶太人的權利而大聲疾呼，因而逐漸得到了更多的自由權。一八六九年，北德議會宣佈了猶太的解放，一八七一年時，一切在職業、選舉權、結婚，或是居住方面的限制也都去除了。同時，英國猶太人雖然自十七世紀以

來，就以合適方式，過宗教生活的自由，但是各式各樣的宗教測驗，卻讓猶太人無法充分參與該國的政治和文化生活。而這一切在十九世紀裡都得以廢止，一八五八年時，甚至有第一位猶太人進入下議員成為國會議員。

就在這些重大社會改變發生之際，猶太人本身也經歷到一次知識革命。猶太啟蒙運動裡最具影響力的一位思想家，便是摩西·門德爾松（Moses Mendelssohn， 1729-86）。他在基督徒哲學家藍辛（G.E.Lessing， 1729-81）的鼓勵下，教導上帝的存在、祂的保佑，以及祂永生的恩賜，都可以藉由自然的理性而能夠找到上帝。他相信，猶太人的使命是要喚起世人對唯一的上帝的注意，而且要做個提醒者，使其他世人也注意到倫理學的一神論呼召。

他也呼籲禮拜的自由，並除去國家對宗教事務的干涉。正如他所言，「不要拿賄賂或獎勵來鼓勵人採行特定的神學理論。讓每一個不擾擾和平的人……按其個人方式來向上帝祈禱。」②同時他也鼓勵猶太教育的現代化；他把摩西五經翻譯成德文，並寫成了廣博的聖經評註。在他的領導下，德國的猶太人都很熟悉世俗的歐洲文化。他自己雖一直是個嚴守律法的猶太人，但是他所鼓吹的猶太解放，隨後卻帶來了另一個讓人困擾的問題：到底一個猶太人在未遭完全同化以前，該吸收外界文化到何種程度？後來門德爾松的子女裡，六名有四名皈依了基督宗教，這豈是意外的巧合？

猶太的啟蒙運動完全改變了西方猶太人的生活。他們的**猶太隔離區**（ghetto）或職業不再受限。在世俗世界的運作上，他們也開始顯得聰明，很多人覺得傳統的敬拜方式已不再合時宜。於是——改革運動——便開始在德國興起。金融家以色列·亞寇森

(Israel Jacobson， 1768-1828)在西森(Seesen)建立了第一間改革
聖殿。此地的聖禮包括了以德語禱告、唱詩歌。一八一八年又有
另一個類似的團體在漢堡成立，他們並發行自己的祈禱書，其中
剔除了所有提及彌賽亞和聖地重建十二支派的經文。該聖殿的成
員以自己為忠誠的德國人，無須其他效忠。同時，在受到當時史
學思考的影響下，有些宗教領袖還否定托拉為上帝在西乃山上完
整授與摩西的基本教義。他們企圖不帶任何宗教成見地研究猶太
教歷史。還有些人則主張猶太教只是倫理學一神論的一個宗教傳
統而已，很多傳統儀式做法都已不具正當性。因此他們建議修改
飲食律法、蒙頭祈禱的做法，甚至主張像其他的基督教國民一
樣，把安息日由禮拜六改至禮拜天。

　　這項新運動傳播甚快。第一次的改革拉比會議在一八三八年
舉行。西倫敦的改革派猶太人的會堂在一八四一年建立。改革派
的拉比神學院則是在一八五四年於波蘭的布勒斯勞(Breslau)開
幕，另一所則是一八六七年在匈牙利成立，而柏林拉比高中也在
一八七二年開了門。

　　但是美國也日漸成為改革活動的主要中心。第一間美國改革
派聖殿於一八二四年，在南卡羅來納州查理斯敦(Charleston,
South Carolina)建立。其聖禮與漢堡聖殿的類似，其創立者將其
目的描述為，要避免任何會令受良好教育的以色列人感覺厭惡之
事。後來改革派的聖殿也在大多數的美國主要城市裡成立。一本
新的美國改革派祈禱書也發行問世，而第一次美國拉比會議也在
一八六九年於費城舉行。希伯來聯合學院(Hebrew Union Col-
lege)為第一所美國拉比神學院，一八七五年在俄亥俄州的辛辛
那提(Cincinnati)開幕。美國改革派猶太教之原則於一八八五年
在匹茲堡訂定。會中決議，猶太傳統應慮及現代學術的所得，且

惟有摩西五經中的道德律法具長久約束性，猶太人也不應尋求彌賽亞的來臨或以色列國土之恢復，而且飲食律例和儀式純潔都已過時。這便為其後五十年美國改革派猶太教提供了信條架構。至十九世紀末，許多北美猶太人的衣著、態度、教育和期望，都已與其同國公民無法區別。而本世紀裡改革派猶太教又歷經進一步的發展，產生出各式各樣的信條綱領和新祈禱書。

正統派可不允許這樣的轉變未經一搏就發生。他們震驚於此新發展，深恐如此深入參與世俗文化極易導致同化。當代最有名的德國正統派思想家參森‧拉菲爾‧赫奇（Samson Raphael Hirsch，1808-88），他本人是在波昂大學受教育。但是他捍衛正統派，主張生命的目的並非在取得快樂，而是要事奉上帝。他堅持托拉是出於上帝所賜，必須為猶太人生活指導原則。同時他也相信，精通現代文化並同時恪守教條是並行不悖的。這個立場後來為人稱為現代正統派。托拉乃上帝所授之教義無可妥協，改革運動必須明白棄絕他們的主張。但同時，猶太人也可得到世俗教育的好處，並享受現代文化的果實。

雖然現代正統派在西歐深具影響力，但波蘭、俄國和波羅的海三小國的猶太人卻甚少受其影響。西歐有較長的民主妥協的傳統；相反的，在東歐較激進的傳統裡，心懷不滿的猶太人卻偏愛社會主義的世俗主義作為反正統派之工具。改變固不可免，惟其來臨卻非出於政治解放，乃是回應反猶太主義及在大西洋彼岸過的新生活。

反猶太主義和錫安主義

大家一直企盼反猶太主義能因著西歐猶太人生活的轉變而消失，但情況卻遠非如此，只是憎恨猶太人的性質已有了轉變。過

去幾世紀，猶太人被當成為社會所遺棄的一群。基督徒的福音書教導信徒，猶太人拒絕以耶穌為彌賽亞，並將他釘死在十字架上。廣大基督徒的信眾不能理解，既有耶穌的教導取而代之，為什麼猶太人還一定要堅持其古老的信仰不放？於是猶太人被視為頑固、愚鈍，也盲從上帝的恩典。但是一個猶太人只要飯依基督宗教，大家的態度馬上改變。這個猶太人不再是猶太人，他或她成了基督徒，能取得此一新身分所具備的一切權利和好處，而且只要他或她願意完全拒絕其先前的信仰，就能成為基督徒所接納的一員。

「反猶太主義」這個詞是到一八七〇年代才開始使用，所描述的是一種新的偏見。發明這個名詞的人威廉・瑪爾（Wilhelm Marr，1818-1904）堅持猶太人並非因其宗教而與人格格不入，而是他們本來就屬不同的種族。他認為現代歷史應被解讀為一場「條頓（Teutonic；日耳曼）民族血統」和猶太外族間的戰爭。一八八一年時，又有人宣稱猶太的類型是血統純正之德國民族的威脅。猶太人被描述為天生愛牟利、自我中心、重物質、懦弱，且墮落頹廢。這些觀點在一些刊物上傳布，如《錫安長老議定書》（*The Protocols of the Elders of Zion*）便為一例。它流通於一八八〇年代的俄國，且傳聞為有心統治世界的猶太組織的文件。雖然如今大家都已知道該議定書出於偽造，但是至今它仍流通於俄國，並在阿拉伯世界和美國一些狂熱團體裡尋得對此說之聽眾。

十九世紀末期，反猶太主義成為歐洲政治裡的一個新的重要因素。它為身處困境的政府所利用，藉以轉移不滿份子對當局的注意力。在俄國，對猶太人的攻擊被稱為**波格農**（pogrom；意為破壞）。波格農乃是一個社會區隔對另一區隔所發動的猛烈撻伐，其間常免不了強暴、謀殺和財產的損壞。在一八八一年至一

八八四年間，沙皇亞歷山大二世遇刺之後，俄國出現了一連串針對當地猶太社群所發動的波格農。民間勢力袖手旁觀，甚至鼓勵暴民滋事，所以很多猶太人都覺得，只有移民新世界才能得安全棲身之所。第二波的俄國波格農事件發生於一九〇三至一九〇六年間，而在俄國革命期間和隨後的內戰裡，又爆發了第三次。一起算起來，據估計，一九一七到一九二一年間有多達十五萬的猶太人被紅、白軍旗下的部隊所害，這也就難怪東歐的猶太人會急於離去了。一八八一年到一九一四年的第一次世界大戰間，約有兩百萬的猶太人在美國定居，三十五萬人在西歐，二十萬在英國，四萬在南非，十一萬五千人在阿根廷，十萬人在加拿大。

　　西歐也不具對猶太仇恨免疫的能力。德雷福斯案就曾引起國際的注意。亞佛瑞‧德雷福斯（Alfred Dreyfus, 1859-1935）是一名高階的猶太裔法國軍官，他被指控叛國，被判終身監禁。他不斷抗辯，宣稱無辜，最後真相大白，才發現他是被人以假文件入罪。但是一八九九年再度受審時，他還是二次被判為有罪，直到一九〇六年才終得洗清罪名。此一事件造成法國大眾意見分歧；很多人覺得很難相信猶太人也能是忠心的法國人。有位年輕的記者，德奧道‧赫芝耳（Theodor Herzl, 1860-1904）生動地描繪了宣判時的景象：「軍校建築旁的街頭暴民叫囂著要求剝奪德雷福斯的軍階，他們發出的恣意狂呼，至今仍迴盪我耳中不去……」③

　　赫芝耳因而深信，解決反猶太主義的唯一之道，便是建立以色列國。巴勒斯坦會被獲選為成立此一猶太國之地，是因猶太人最後在此行統治之實，並具有聖經淵源。猶太社群一直保有返回應許之地的夢想，不斷在禮拜式中提及。大家仍相信，在彌賽亞的日子裡，十二支派會再次重聚，聖殿也將在耶路撒冷重建。早

在一八八二年，第一次俄國波格農屠殺過後，就有一群猶太人動身前往巴勒斯坦，在那裡開店、當工匠和做農夫。赫芝耳本人則是主張經由國際協議，來創造一個猶太國家。他在一八九七年在位於瑞士的巴塞爾（Basle）召開了第一次錫安主義會議，以其短暫餘生致力於尋求外交支持。事實上，他原考慮巴勒斯坦以外地點。當時英國本預備提供非洲烏干達的一個區域給猶太人，而赫芝耳在造訪了俄國境內貧困已極的猶太村莊以後，迫於事態緊急，本也有意接受。但是該提議卻在第六次錫安主義會議裡引發了抗議怒潮，以致赫芝耳還被迫在他死前不久，重申其非巴勒斯坦不可的決心。

巴勒斯坦的那一小撮猶太人口，主要為來聖城朝聖的那些敬虔信徒，人數遠遜於巴勒斯坦居主流的伊斯蘭教阿拉伯人口。更何況，這塊土地還是在奧圖曼（土耳其）的統治下。有些錫安主義者，像英國的猶太作家以色列・彰威爾（Israel Zangwill）之流的人物，既把當地阿拉伯人多視為逐水草而居的遊牧民族，便把巴勒斯坦稱為「渺無人煙之地，正可供身無立錐之地之民立足。」但是另有些人就更具遠見：一八九一年時，阿哈・哈安（Ahad Ha-Am）便曾警告，除非猶太人能尊重巴勒斯坦阿拉伯人的權利與期望，否則他們勢難實現其夢想。所以今後兩族間的衝突似乎本無可免。

古諺說，只要有四個猶太人同在一地，就會出現六種的意見。這點在錫安主義的運動上果真所言不虛。赫芝耳所建立的**世界錫安主義組織**（World Zionist Organization）成為一個保護體。社會主義的猶太人成了**勞工錫安黨**（Poale Zion——the Labour Zionist party）的成員。那些願意加入的正統派人士則入了米拉其黨（Mizrakhi party），致力於在新國家裡保存嚴格正統派行事

原則的黨派。但是多數參加錫安主義會議的東西方代表（除了正統派以外），外表均屬世俗，這便導致它與歐洲正統派猶太體制間相當嚴重的衝突。早期重要的錫安主義者，包括了亞倫·大衛·葛登（Aaron David Gordon， 1856-1922），他致力於鼓勵商業與農業的移民；還有作家阿哈·哈安（Ahad Ha-Am， 1856-1927）；而柴安·那其曼·比阿立克（Chaim Nachman Bialik， 1873-1934），他一心想再造希伯來文化，而非依地文化；還有社會主義人士納曼·希爾金（Nahman Syrkin， 1868-1924）和白爾·波羅喬夫（Ber Borochov， 1881-1917），這兩位都積極鼓吹成立集體性的**農業移民區**（猶太屯墾區；Kibbutzim）以及商業工會主義的成長。

在錫安主義出現早期，很多嚴格正統派的人士都極感不安。一九一二年時他們甚至組成了稱**阿古達以色列**（Agudat Israel）的組織，來與錫安主義抗衡，積極聯合拉比與平信徒反對此一新運動。他們主張，被逐者回聚聖地應發生於彌賽亞出現之後，而期待或強使上帝拯救來臨是不獲許的。就連大屠殺發生之後，還有人認為錫安主義者把歐洲猶太難民齊聚一地是一種誤導，因為人不可能在彌賽亞來臨前，就為上帝的選民決定好祂的計畫。

第一次世界大戰之後，新成立的國際聯盟（League of Nations）同意由英國管理巴勒斯坦。猶太人口繼續成長。一九一七年，英國政府在貝爾福宣言（Balfour Declaration）中承諾，支持在巴勒斯坦建立一個猶太國家。到一九二〇年末，各種社會主義團體都加入進來，形成了以色列勞工運動。柴安·衛茲曼（Chaim Weizman， 1874-1952）是當時世界錫安組織的主席，他努力與英國合作。與此同時，該地的阿拉伯居民已經對於猶太移民的進入深感不安，所以一九三六年時，他們便對這些移民採取了攻擊的行動。情況開始顯得艱難。一九三七年時，一個英國皇家委員會

建議，巴勒斯坦應由此兩族群的人分治，但是此舉在一九三九年的白皮書裡遭到否決，而猶太移民的進入也大量減少。隨後第二次大戰爆發，作戰期間一切再難有進一步的發展。此時，大難也降臨到歐洲的猶太人身上。

二十世紀的猶太教

一九三〇年代，歐美都雙雙落入嚴重的經濟蕭條之痛中。德國的情況尤其糟糕，一九三〇到一九三三年間，當地有六百萬以上的人失業。於是政府顯得不穩，一九三三年時，經過幾次不見效果的政治聯盟後，阿道夫·希特勒（Adolf Hitler， 1885-1945）被任命為總理。希特勒是國家社會黨——即所謂納粹黨的領袖，他的意識型態是建立在一個反共產主義和反猶太主義的結合體上。他深信所有的猶太人都是退化者和寄生蟲，並在其自傳《我的奮鬥》裡主張，是猶太人的背叛才使得德國人在第一次世界大戰裡落敗。在他的眼裡，猶太人是個惡魔般的民族，一心只想掌控全世界。他曾這樣記述：

> 黑髮的猶太年輕人在那裡一連守候多時，邪惡地虎視著那名渾然不覺的女孩，一心要引誘她，姦淫其血統，領她離開其同胞的胸懷……猶太人是把黑種人帶進萊茵地區的罪魁禍首，他們的終極意圖就在敗壞其所恨之白種人血統，降低其文化與政治水準，這樣猶太人就好統治一切…④

一旦納粹得權，一連串的反猶太規定就雷厲風行起來。猶太人被剝奪了公民權，不准跟德國公民結婚或是發生性關係，而且

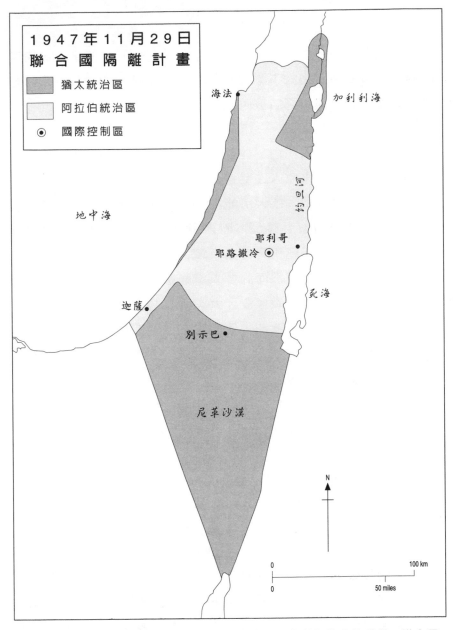

以色列國於一九四八年英國撤離後,宣佈成立。面對著阿拉伯的反對,聯合國做了規劃,把巴勒斯坦分隔成一個猶太國、一個阿拉伯國,和耶路撒冷附近的一個小小的國際管理區。

被迫登記其財產。後來在一九三八年十一月九日的晚上，政府還組織了一個對所有猶太事業和其社群設施所採取的一致性攻擊行動。會堂遭到焚毀，商店被破壞，許多猶太人遭到殺害。此一碎玻璃之夜（Kristallnacht——the Night of Broken Glass）發生的事件，讓德國的猶太人明白，他們再難期望納粹對他們手下留情。於是他們竭力設法帶家人逃離這個國家，但是事情並不容易。美國也有很多失業人口，不大可能再多接受新移民進入。英國已經削減了巴勒斯坦的猶太移民，而西歐各國也不想再多讓難民進入。很多家庭迫不得已，只得出下策，單把孩子送往遠方親戚家或是送上孩童運輸船。然而許多人還是被迫留了下來，俟一九三九年九月第二次世界大戰爆發，大家就在劫難逃了。

德國的軍隊蹂躪了歐洲，他們也在各地繼續迫害猶太人。波蘭也是個猶太人眾多的地方，各地的猶太人都被抓起來，並被迫參與大規模的工作計畫。這些奴工一週工作七天，衣衫襤褸，所得的配糧也完全不符所需。等到一九四一年納粹進攻俄國以後，一些被稱為特遣隊（Einsatzgruppen）的特別軍旅更被精選出來，專門從事猶太人的處理。每個被佔領的城鎮裡，猶太人都遭到圍捕，被驅趕至鄉間射殺。據估計，一九四一年十月至一九四二年十二月間，一二〇萬的猶太人就此遭到殺害。

但是，對納粹領袖而言，這還不夠有計畫、有效率。於是一九四二年一月二十日的文西會議（Wannsee Conference），把「猶太問題的最終解決」做了概述與解說。許多集中營與殺戮營被建立。全歐各地的猶太人都遭到圍捕，被驅逐到東方去「重新安置」。起初他們被塞進大城市的貧民窟裡，接著又從那裡轉運到集中營去。於是在開爾姆諾（Chelmno）、奧茲維茲（Auschwitz）、索比台（Sobibor）、馬達奈克（Majdanek）、翠比

林卡(Treblinka)，和伯爾才克(Belzec)的集中營裡，年輕力壯的都被挑去做工，老弱婦孺則給送進了煤氣室。做工者的生活狀況也極其悲慘，永遠處在恐懼、寒冷與飢餓之中。一旦他們也變得虛弱，無法再工作，就也被送進去受死。波蘭南部的奧茲維茲集中營可以容納十四萬名囚犯，那裡有五間焚化爐，一天可以處理一萬具屍體。整項作業殘忍而高效率地進行著，即使在德國顯然落敗之際，也不容許任何事阻撓該項運送猶太平民進集中營去的作業。全部加起來，一般都認爲有近六百萬的猶太人在這場大屠殺中喪生。

很多地方的猶太人也曾竭力抵抗。集中營裡也發生過一些小規模的叛亂，而住在華沙猶太人區的人也曾持續抵抗德意志帝國武力達數週之久。但是多數地方的猶太人都是既窮又孤立，四周全是充滿敵意的鄰居，又爲其他世人所棄。他們根本毫無得勝的機會。及至第二次世界大戰末，歐洲的猶太人已被有效地大規模屠殺了。古老的會堂、葉西法，和許多猶太研習中心，都永遠地遭到摧毀。

東歐猶太人的滅亡和以色列國的創立，是兩件息息相關之事。全球猶太人都爲了錫安主義的主張而聚結起來。猶太人曾在英、美和加拿大的軍隊裡作戰，但是處理難民集中營的倖存者卻是個棘手的難題。同時，巴勒斯坦本身的情況也頗難處理。有爲數可觀的猶太人，在米納含·比金(Menahem Begin， 1913-92)的領導下，準備探取恐怖份子的策略來對抗英國管理當局。一九四四年十一月六日，英國的中東事務部長莫尼爵士(Lord Moyne)遭到暗殺。於是世界錫安主義組織的領袖，柴安·魏茲曼(Chaim Weizman)和比金之間，爲了耶路撒冷大衛王飯店的爆炸案，起了嫌隙，但是暴力行動還是延續下去，並且衍生至兩名英軍士官

的縊死。英國再也無法忍受，便將此責交到了才新成立的聯合國手中。

　　美國支持錫安主義。杜魯門總統（Harry S. Truman）採此一立場的理由，既是出於個人對該主義者的同情，也是為了急於爭取一九四八年總統大選裡的猶太選票。此一問題先是在一九四七年五月裡做了討論，爾後又在十一月二十九日，聯合國大會裡美俄都支持的情況下，同意將巴勒斯坦劃分為一個猶太國和一個阿拉伯國，而耶路撒冷則應為一國際區（見地圖，頁77）。雖然錫安主義者接受了分治的原則，阿拉伯人卻不肯同意，宣稱這樣的劃

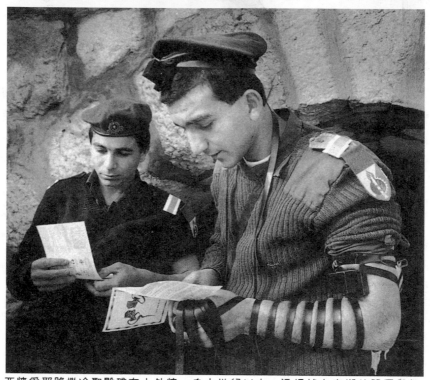

西牆為耶路撒冷聖殿殘存之外牆。自中世紀以來，這裡就有定期的禮拜舉行，至今它仍為所有猶太人的一個祈禱之所。

分否定了他們對這整塊土地的「國權」，而這本就該為聯合國大憲章所確保的。

阿拉伯人立刻對猶太人的屯墾區展開了攻擊，但是在大衛・班・古瑞(David ben Gurion， 1886-1973)的領導下，猶太人鞏固了他們的地位。一九四八年五月十四日猶太人的巴勒斯坦國正式宣佈獨立，所據的便是聯合國的決議，及「國家及固有的權利」。這個新國家被稱為以色列。但是衝突依然持續，而到一九四九年時，以色列人已持有了超出聯合國指定疆域外的大片土地。最後在一方的以色列和另一方的約旦、敘利亞、埃及和黎巴嫩等國之間，終於簽訂了停戰協定。和平本該要長久維持的。

但是戰事卻再於一九五六年、一九六七年(當年以色列人佔領了耶路撒冷和約旦河西岸，加薩走廊，和戈蘭高地)，一九七三年爆發。至今巴勒斯坦的難民(巴勒斯坦戰前的大部分阿拉伯人口，就是由這批人所組成)問題，都仍未能解決。在一九四七-八年間的戰爭裡，有一百萬以上的阿拉伯難民逃離其家鄉。有些人在鄰近國家找到了避難所，但是很多人卻只能長久生活在臨時營地裡，那裡永遠是衍生不滿和游擊活動的發源地。

但是今日的以色列國，或許仍要比其生存史上的任何時期都更穩固。一九七八年以來，埃及就加入了此一和平過程。後來在一九八二年時，以色列軍隊又侵入黎巴嫩，以摧毀阿拉伯人游擊隊，造成了該地區的不穩。五年之後，佔領區的巴勒斯坦人開始密集的抵抗計畫(intifada)，包括丟石頭、伏擊，和從事選擇性的攻擊。於是以色列人覺悟，妥協終屬必須。於是自一九九一年起，政府與巴勒斯坦解放組織之間，就在進行更進一步的和平談判，讓人感到一個能與以色列和平共存的阿拉伯人巴勒斯坦自治區終有望建立。一九九五年時，一名有學生身分的猶太極端份子

行刺拉賓總理，造成談判中斷，也使得整個以色列社會為之動盪。和平的發展更差點因為一九九六年以色列大選中，採強硬路線的利庫黨（Likud party）的獲勝而受到威脅。但是，儘管有這許多的問題，國際社會無疑地還是承認了猶太人以色列國的存在，而各地虔誠的猶太人也同時「為耶路撒冷的和平祈禱」⑤。

註　釋

①保羅‧瑞考，由康-沙塞保引用於《小讀本》(*A Short Reader*)中，p.111。

②摩西‧門德爾松(Moses Mendelssohn)，《耶路撒冷》(*Jerusalem*)，由康-沙塞保引用於《小讀本》中，p.130。

③德奧道‧赫芝耳(Theodor Herzl)，《猶太人之國》，由康-沙塞保引用於《小讀本》中，p.141。

④阿道夫‧希特勒(Adolf Hitler)，《我的奮鬥》(*Mein Kampf*)，由康-沙塞保引用於《小讀本》中，p.154。

⑤詩篇122：6。

4 猶太人的信仰和儀式
Jewish Beliefs and Practices

上帝與托拉

在開始有關猶太教的討論以前，我們必須再次強調，並非所有具猶太身分者均為虔誠猶太教信徒。猶太社群裡也有林林總總的宗教儀式和信仰。以下要談的，就是有關傳統正統派猶太教的簡短概述，因為它是已為人遵從有數百年之久的猶太教形式。同時我們也應記得，許多美國（世界上最大的猶太社群所在地）猶太人都非

正統派信徒，而改革派和保守派運動也都各有其習俗與**禮拜儀式**（liturgy）。但是追根究底，這些儀式還是源自希伯來聖經。此外，也有很多猶太人完全不行宗教儀式。

猶太教的基本信仰就是上帝是唯一的。猶太信仰的主要祈禱文，就是在斷言此一信念。這就是一般人所稱的**塞瑪**（Shema），是希伯來文裡表示「聽！」。大多數猶太人早晨起身，晚上上床，最好是連臨終的床上，都能誦唱「聽啊，以色列，上帝我們的主，耶和華是唯一的。」（Shema Israel, Adonai

Elohynu，Adonai Ehad！）這是最高的眞理，是聖經的基本信息，也是上帝特予猶太子民的眞知灼見。正如申命記所記，「這是顯給你看，要使你知道唯有耶和華是上帝，除祂以外，別無他神。」①

唯一眞神是宇宙之源。聖經的第一部書「創世記」以此句爲開端，「起初上帝創造天地。」②接下來它並描述祂工作六天，創造夜晚和白晝、世界與天空、海洋與大地、供作食物的植物、太陽、月亮和星辰，及一切的受造物，最後還按自己形象創造了人。雖有許多學者和平信徒爲這番話，爭論有幾百年，但多數人還是同意，在猶太世界的看法裡，人也和其造物主一樣，是被賦予以自由意志的。他們可以在善惡之間做選擇。有些人甚至把歷史描繪爲上帝與人之間進行的一種合夥關係。而且因爲我們反映了上帝的形象，所以猶太教把人生視爲極端神聖。第七天祂停工休息，這也就成爲安息日。

創造不僅被視爲歷史事件而已。創造被視爲持續進行的過程。每個發芽的種子，每項天氣的改變，和每一新生命的誕生，都是上帝參與宇宙間的證據。同時，祂也超越於其創造之上。如以賽亞書所言，「我的意念非同你們的意念，我的道路非同你們的道路。天怎樣高過地，照樣我的道路高過你們的道路，我的意念高過你們的意念。」③

按照創世記有關創造的敘述，上帝完成其工作後，看一切都很好。它反映出祂自己的性情。正如詩篇作者所說，「耶和華有恩惠、有憐憫、不輕易發怒、大有慈愛。」④這便引出了邪惡進入世界中的問題。整個猶太歷史都對此事有極強的思索，也提出了各樣可供選擇之說。自從大屠殺的恐怖情況披露以後，這個問題更顯得急迫。上帝既爲萬事之源，向來就爲此傳承裡視爲全

能、全知，又全善的。因此就很難讓人理解，上帝既通曉納粹的最後解決方案，又有能力阻止它，卻竟選擇不這麼做，就似乎與祂的無限憐恤之心極不相合。很多人也同樣想要解決這個兩難的推論。但是大多數人都認爲這是個無解之題。上帝行事之道本就不可解。在聖經裡，約伯(Job)在歷經一連串不應得的不幸打擊時，也曾要上帝解釋，但上帝的回答卻是，「我立大地根基的時候，你在哪裡呢？」⑤因此，對敬虔的人來說，這是唯一可能的答案。惡之存在一直就是終極的神學之祕。

猶太人相信，他們是唯一眞神的選民。這並不意味上帝就此顯出對他們的偏袒。該傳承強調，此一獲選涉及責任與權利。上帝與猶太人間的關係，是以立約的雙邊交易爲特色。這個交易在出埃及記裡就已明白表示出來，「如今你們若實在聽從我的話，遵守我的約，就要在萬民中作我的子民。」⑥爲了保存這份關係，猶太人必須謹守上帝的律法。遵守律法和獲選之間的清楚關係，便是禮拜儀式所強調的。在會堂裡，每個誦讀者在被召來朗讀托拉卷軸(這裡指的是摩西五經)時，便要誦讀，「耶和華我們的上帝，宇宙之王，從萬民中揀選我們、把你的律法賜給我們的神，你是得稱頌的。」⑦

托拉是希伯來文裡表「律法」之意。在猶太教裡，它被用來指摩西五經，但就其廣義的來說，它也可以同時包括全部成文律法與口傳律法，或是整個猶太生活方式。托拉涵蓋了每一細節──可允許的食物、適當的衣著、對猶太同胞的行爲、與全體人類的相處之道、女人的角色、父母與子女的責任、必須紀念的節慶，以及須守的禁食日。

但是，諸賢哲也爲摩西五經的啓示和他處聖經的啓示，做了一個重要的區分。摩西五經被認爲是上帝直接交與摩西的，因此

會堂設計

猶太人多按其國家的風格來建築其會堂。歐洲的會堂既建造於中世紀，因此就常是以羅馬或歌德式的風格來興建。在十七、八世紀的波蘭，村莊的會堂常爲瓦頂的簡單木造建築。到了十九世紀，富裕的猶太社群裡，則常出現壯麗的摩爾式、埃及式、歌德式，或是古典式的風格。近年來，特別是在美國，建築風格的趨勢多走向現代、新潮──由法蘭克・洛伊・萊特（Frank Lloyd Wright）爲賓州艾爾金公園市的貝斯沙龍會眾所造的會堂，就是一個有名的例子。在希伯來文裡，會堂稱爲貝哈尼撒（Bet Ha-Knesset），也就是集會之屋的意思，這個名詞所代表的較屬社會功能，而非屬靈意義。東歐講伊地語的社群，過去是把這樣的建築稱爲「熟」（shul），即學校之意。因此會堂就是一個研習與祈禱之所。相反的，耶路撒冷的聖殿卻被認爲是上帝之家。大家真的相信，上帝就居住在聖殿最內層的聖所，即至聖所裡的，而獻祭則要一天三次在聖殿的外院裡進行。自從聖殿西元七〇年被毀之後，猶太人就沒有再行獻祭。而代是常的祈禱與不時的禁食，敬拜神。

會堂建築的組織反映了它的用途。該建築的焦點是約櫃，一個很大的方形櫃櫥，以精工裝飾，裝的則是律法卷軸。約櫃爲該建築最近耶路撒冷聖城之點。律法卷軸以手工撰寫，記的是摩西五經，即希伯來聖經前五部書之正文。這些經文要在每天的晨間崇拜中誦讀，一年需把全部經文讀完一遍。建築的中央爲講台（bimah；彼買），崇拜就在此主

持。任何一名猶太男人(非正統派甚至也允許女人)都可以在
禮拜過程中主持全部或部分的儀式,會眾中的成員也會被正
式召來誦讀卷軸。正統派和現代正統派的會堂裡規定,女人
須與男人分坐,以便她們專心禱告,也免致打擾男人禱告。

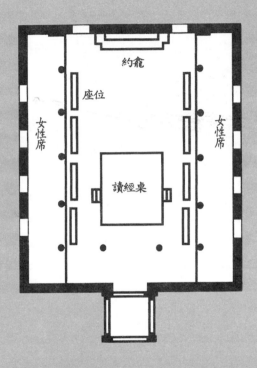

在傳統會堂裡,中央部位很大一塊地方是被誦讀桌佔去的,而座位則主
要安置在朝內的兩側。許多柱子則支撐著婦女席位。

要特別尊崇。它以手寫方式撰寫在一長卷軸（scroll）上，捲起收存在約櫃（ark）中，也就是會堂的中央焦點上。每當將它自約櫃中取出的時候，會眾都應站立，以最崇敬的方式處理。其教本被分成五十四個部分，每週要朗讀其中一部分。它在猶太生活中的重要性無事可比。以其禮拜儀式的用語來說，「它是秉持不懈之人的生命樹，切實把持它的人有眞正的快樂……」⑧

摩西五經裡總共有六一三條的誡命，浩瀚的口傳律法寶藏並爲它們做了解釋與闡明。再過一段時間，這一大套律法也被編爲法典。嚴格正統派視整套的托拉——包括成文的、口傳的和規約在內——爲上帝之言，就是因著它，猶太人和他國人才有區隔。雖然前面我們已經說過，非正統派的人（指保守派和改革派）採取了一種更爲自由的觀點。但其實，能界定猶太人身分、確保其生存的，依然是對上帝律法的遵從；反觀古代世界的諸多其他宗敎團體皆已不存爲鑑。雖然拉比沉迷於神學思索，但是這並非人人所看重的。眞正要緊的是對上帝聖約盡忠。一個納粹大屠殺時期的著名故事，做了感人之例證。有天晚上，一群學者在骯髒的集中營裡聚集討論，要審判上帝。祂怎能容忍這些事情發生在祂百姓身上呢？辯論如火如荼的進行了一整夜，最後只能得到一個結論。不知怎地，上帝終歸是虧負了祂的選民。猶太敎所根據的竟是一謊言。等討論接近結束，天已破曉，另一天的殘酷工作仍等在前頭。於是所有與會者起身，一起做了傳統的晨間禮拜。

一日之間

正統派會堂裡要一日三次舉行崇拜。這是在呼應耶路撒冷聖殿獻祭的時間。要舉行這樣的崇拜，至少需有十名成年男人出席。傳統上女人是不算在這個法定人數之內的，但今天要招募到

這個必要的人數卻常常都很困難。非正統派猶太人既堅持兩性間絕對平等，因此也把女人算在內。而多數的改革聖殿（這是它們為人所稱之名）卻根本不舉行此種每日崇拜。

禮拜式的核心為兩項禱告，即塞瑪（聽啊，以色列……）和**阿米達**（Amidah），它們原為一系列十八篇的祈禱。塞瑪宣示了上帝本質性的唯一，並牢記其誡命的必要。要把經匣「綁在額頭上並掛在你房舍的門柱上。」⑨猶太人藉著佩帶**經符匣**（phylactery；又稱 tefillin，提福林）和在門柱上加釘**經匣**（mezuzah）來滿足這兩點的要求。在正統派猶太教裡，只有男人才佩帶經符匣，但是在改革派猶太教裡，有時女人（特別是女拉比）也會佩帶著它。經符匣是一只裝有羊皮紙的特殊盒子，羊皮紙上記有手撰的數節聖經，盒子上裝有兩條皮帶。一個盒子擺在頭上，另一個則繞在左臂上，位在貼心之處。這些經符匣要在安息日和節慶以外的每日晨間崇拜裡佩戴。門柱經匣則是另一種裝有羊皮紙的小盒子。羊皮紙上寫了塞瑪祈禱文裡的前兩段。盒子釘在右邊的門柱上。幾乎所有跟猶太教沾點關係的猶太人，前門旁都會釘經匣，而嚴格正統派者則是在屋內每個門上（除浴室門）都設。經符匣和經匣兩者都是視覺可見的記號，藉以提醒敬虔者他們對上帝所負的職責，並回想為選民的可畏天職。

阿米達（Amidah）祈禱文裡的祝詞，傳統是站著誦讀。它們包括了求恢復聖殿的祈求；為上帝的許多恩典獻上感謝，也為以色列人求平安。在改革猶太教裡，平安的禱告則是為以色列和全世界而求的。每日崇拜中的另一個重要祈禱，包括**凱迪許**（Kaddish）和艾勒努（Alenu）。凱迪許在表達渴望上帝在地上建立統治。這個禱告要在禮拜的每個主要部分結束之時誦念，也會在喪禮儀式結束時由致哀者誦念。因為近親過世之後，喪家需誦讀凱

迪許十一個月，且只能在合於宗教法定人數的情況下誦讀，所以這倒對每日崇拜須有十人出席這事挺有幫助的。艾勒努祈禱則宣達上帝的王權遍及全世界，爲崇拜做一結束。

雖然會堂是猶太社群信仰體制中心，家庭卻爲宗教生活的眞正焦點所在。傳統允許婦女免守訂有時間限制的誡命（像是參加每天的崇拜），這正是因爲她們身爲持家者和母親實在太重要。正統派日常生活的每一細節都在十誡的涵蓋範圍之下，這其中甚至包括了食物與衣著。猶太男性最爲人所識的記號之一，就是瓜皮小帽，所謂的**亞目可**（yarmulke）或是**奇帕**（kippah）。嚴格正統派無時無刻不戴著它，但是進步主義者則只惟有祈禱時才戴。有趣的是，這個習俗並非自古就有，來源只溯至十二世紀前後，而且很可能是爲使猶太儀禮與基督徒的儀禮有所區別而採行的（因爲基督徒的男士祈禱時，頭上都不覆蓋物件）。正統派的男士通常也蓄鬍鬚。這是因爲利未記裡有禁剃臉上鬚毛鬢角之規，⑩習俗上要讓兩側髮綹持續生長。

正統派外觀另一特點就是穿帶繸子的衣服。按照托拉所定，要教導以色列人「在衣服四角上作繸子……好叫你們看見就記念耶和華一切誡命。」⑪穿四角帶繸子的裡衣（talit；塔利）爲滿足。對現代正統派與改革派的猶太人來說，塔利則是一件祈禱時用的披肩，一件外衣。在改革派猶太敎裡，女人也跟男人一樣用這種披肩。塔利的繸子要以特別的方式綁紮，以象徵上帝之名的數字性價值。如果是一件裡衣，你通常看不到它，只是常會有一個繸子自長褲腰帶上方拉出，塞在一個口袋裡。類似的繸子也會安置在披肩的四角上，於會堂中祈禱時披在身上。正統派女人的服裝則是以樸素爲特色。已婚的婦女應該要隨時蒙著頭，敬虔者信徒更會特別以戴假髮來達到這樣的要求。此外，男人不可穿著

女人的衣服，女人也不可穿男人的；你絕見不到正統派的年輕婦女穿牛仔褲之類的裝束。

若要舉一項能讓猶太民族與其他國家的人最明顯區隔的因素，那就應數其食物律法了。伊斯蘭教徒也由猶太人處繼承了儀式性純潔食物的觀念，但是相反的，多數的基督徒卻視此類挑剔為無稽，因為他們相信新約已將舊約取而代之。不但某類的食物處於完全禁止之列，甚至那些獲准為可食的動物與禽類也須以一定方式宰殺，乳製品還必不可與肉類食物一起吃。事實上，這表示所有世俗餐廳的食物和外邦人家裡預備的食物，均為非高聖（禮儀上不合食用）。根據創世記裡的創造故事，起初的人都是吃素的。吃肉是洪水之後才獲准的。⑫但是，儘管有此諸多限制纏擾，很多權威人士還是教導，到了彌賽亞的時代，人類還再恢復素食主義。唯有偶蹄類且會反芻的動物，以及常為食物的禽類，才合於此例。像豬就是被禁止食用的，因為牠們不反芻，而所有猛禽也都是非高聖的。這些牲畜必須由合格的屠夫宰殺，必須是朝頸部很快的下一刀，再吊起來，讓血立刻流乾。這是因為血是不可食的。魚類倒沒有規定特別的宰殺方式，但是也不是所有海中生物都可食——惟有那些有鰭有鱗的才行。因此守律法的猶太人是不吃任何貝類或鰻魚的。

摩西五經中三處都記著這條誡命，「不可用母羊的奶煮山羊羔。」⑬這一點被闡釋為肉類和乳製品不可一起食用。由於細微的食物碎屑會滲入在陶器和金屬餐具上，因此守律法的家庭主婦通常會有兩套全然不同的盤碟，甚至分開來的洗滌槽、瀝水板，和備餐區。今天，在嚴守律法的家庭裡，見到兩個水槽、兩個冰箱，甚至兩個洗碗機，都不是什麼希罕之事。這也表示，除非能保證高聖——守宰殺之律，且未使乳類製品與肉類混在一起——

否則外製的食物是不得進入屋內的。今日大量生產的產品很多都附有一項證明，顯示處理的每個過程都由業經認可的宗教權威檢查過。

常有人主張，高聖的食物律法是因為健康的理由而發展出來的。例如，禁食豬肉就是因為牠可能會肉內滋生條蟲。事實上托拉裡並沒有做此解釋。高聖的律法，以及一切衣著及為日常生活各層面所訂的律法，都被認為是上帝為其選民所立。對正統派信徒而言，這就夠了，無須再多討論。對守律法的人來說，猶太生活裡的每一細節都在提醒有關上帝與以色列之間的特殊關係，無須多做解釋。但是，我們也須記得，能守律法層次的人，仍為該社群的少數。

食物律法更是個特別有意思的例子，正足以顯示出該社群南轅北轍的多樣性。對正統派這群人來說，唯有獲其本身拉比權威認可的食物才算為高聖。但是現代正統派則接受任何高聖之權威，有些人也在自己生活裡作各種妥協。所以，舉個例來說，他們可能會在家裡守高聖，但在外則吃任何素食食物，或者是在外面的時候什麼都吃。保守派和改革派也有越來越多的人守高聖的律法。有些人會在家裡守高聖；有些人只忌吃豬肉和貝類。為了宗教和健康理由的緣故，吃素的人正日益增加。也有很多猶太人完全不理會這些食物律法，理由是它們除了提醒別人他們是猶太人以外，完全不具道德有效性。因此守律法的形式林林總總，差異極大。

一年之間

傳統上，猶太生活受每週的安息日和每年的禁食日與節慶的規律節奏所支配。因為猶太曆法是陰曆，而世俗的一年用的則是

陽曆，所以這些一年一度的節慶的日子似乎年年不同。猶太曆的十二個月只有三五四天，不足之數則是以每幾年增加一個第十三個閏月來補足。這樣就確保這些節慶每年大致仍在接近時段裡過，只非世俗曆法上的同一日。

正統派安息日第一章裡已有描述。它在一週的第七天過，亦即星期六那天，因為上帝自己在第七天息了創造的工作。⑭它起自星期五夜晚，而結束於星期六星辰出現之後。這整整二十五小時的時間，都在供人休息，讓人有一整天的歡愉時光。它由這家母親點燃安息日蠟燭為始，到第二天晚上行完區別禮（Havdalah）——一個有酒、香料、祝福，和一只特別點燃之蠟燭的典禮後結束。香料能振奮靈魂；點燃的蠟燭象徵安息日的結束；而祝福則在感謝上帝區別神聖與世俗。安息日是個享受朋友及家人相處、研究托拉、夫妻彼此溫存行房，並敬拜上帝的時光。在今天，對很多猶太人來說，傳統的限制似乎顯得礙手礙腳，老舊又不合時宜。但是，所有宗派多少都還是要守安息日。共享安息日餐食、上會堂、一家人一起散散步，這一切都為他們的忙碌生活提供了一個規律性的寧靜插曲。

根據申命記，猶太人每年應慶祝三個**朝聖的節慶**（pilgrim festivals）：「你一切的男丁，要在除酵節、七七節（Shavuot；或 Weeks，也稱五旬節）、帳棚節（Sukkot），一年三次，在耶和華，你的上帝所選擇的地方朝見他。」⑮聖殿還在的時候，成千上萬的猶太人會在這幾個日子裡上耶路撒冷獻祭。三大節慶都具農業活動的意涵，也同時在紀念猶太歷史上的事件。逾越節，這個春天的節日，既在慶祝大麥收穫之始，也紀念猶太人從埃及的奴役中得到解放。它一連進行七天（在以色列土地外則是八天），這段期間，嚴守律法的猶太人不吃任何發過酵的食物。整個房子

必須從上到下打掃乾淨，逾越節用的特殊餐具和陶器也得取出使用。第一天晚上，要吃特別的逾越節餐，席間要再次講述上帝拯救以色列民的故事。就連最屬世的人也參加逾越節餐，對這個場合懷有極鮮活的童年記憶。這是一個讓大家庭齊聚一堂的機會，當晚則是在以下這個懷之已久的盼望中結束，「明年耶路撒冷過節！」⑯逾越節跟別的節慶不一樣，其他那些都是以會堂為中心來慶祝的，但逾越節的高潮，這頓**逾越節家宴**（seder），卻是在家裡舉行的。其中充滿了生動的對比象徵。鹽水(代表眼淚)和苦菜(代表苦味)都讓人追溯到那段猶太人在埃及為奴的日子。但是規定一定要有四杯酒和許多的軟墊，則在提醒他們現在擁有的自由。至於蛋和新鮮的蔬菜，則是在象徵春天、重生，和豐饒的希望。據說基督徒過的復活節，所根據的就是猶太人的逾越節，而每年過這兩個節的時間也確實相去不遠。

七七節在慶祝大麥收成的結束，而且是在逾越節之後七週過的。它也在紀念上帝在西乃山上　贈托拉給摩西的這件事，因此，它具有猶太宗教誕辰的真實意義。習俗上七七節這天要吃乳製食物，因為托拉也像乳品一樣滋養了由極幼至極長的每一個人。傳統上它也是男女孩子完成正式宗教教育，從會堂宗教學校畢業的時刻。在改革派信徒間，堅振禮是給十六歲的孩子舉行的，鼓勵他們在過了行**誡命之子/女之禮**（Bar/Bat Mitzvah，即成年禮)的年齡後，仍留在學校裡(參見下一節)。帳棚節，即帳棚慶典，在秋季舉行。它不但是個收穫的節慶，也是在提醒猶太人當年得入應許之地前在曠野流浪。這期間猶太人要在整整八天的節慶期裡，住在臨時性的棚舍裡，連該如何搭建這個建築，也有詳盡的規格說明。反正，主要幾頓餐總應在那裡用，但若是天氣較冷，倒也沒必要一定在那裡睡。此外，猶太人還要製作**路來**

福(lulav)，一種以棕櫚、柳樹枝和香桃木枝子紮製的樹捆。他
們要一手拿著這樹捆、另一手拿著枸櫞（一種類似橘的水果），在
會堂裡四下揮舞，象徵上帝掌控了全部空間。最後一天時，一年
一遍的托拉誦讀告終，新的循環又重新展開。這是個極堪欣喜之
事。在歡笑和喜樂中，托拉卷軸被帶著巡行全會堂。在敬虔派的
社群裡，遊行的隊伍甚至常熱情得衝到大街上去。

　　此外還有各式各樣孩子們特別喜歡過的較小歡慶節慶，其中
兩個最為人知的，就是修殿節，即點燈慶典，和**掣籤節**
（Purim），即以斯帖慶典。近年來修殿節已經取得相當突出的地
位，因為它的時間跟基督徒和商業性的聖誕節節慶幾乎同時。它
在慶祝猶大馬加比西元二世紀打敗希臘化的塞流卡斯王的勝利。
它一連要進行八晚；大家交換禮物，每晚還要增點一支蠟燭。掣
籤節則是在冬末，目的在紀念猶太人民逃過邪惡的哈曼設下的惡
計；據聖經以斯帖書記載，此人原本設計要摧毀波斯的猶太社
群。此節是以在會堂裡誦讀和演出歷史劇為慶祝。最重要的一段
莊嚴時日，則起自秋季的**新年**（Rosh Hashanah）。這是結束贖罪
日（Yom Kippur）的十天懺悔日之始。米示拿教導，所有的人新
年時都要從上帝前面通過，接受審判。有很小比例的人會被視為
完全正直，另有一群人則是立即受到排斥，為無可救藥的邪惡。
但絕大多數的人都是介於這兩者其間。這些人有十天的時間來悔
改其惡行，在贖罪日的大禁食中潔淨自己。新年這天，要吹響公
羊角（shofar），發出一種奇怪而詭異的聲響，召喚大家去悔罪。
正如十二世紀的偉大哲學家，邁毛尼德（Maimonides）所言，公
羊角是「罪人們醒來，審思你們的行為；牢記你們的造物主，棄
絕邪惡，回轉向神。」⑰，敕令贖罪日是猶太年裡最莊嚴隆重的
一日。每個成年男女都要從日落時分起禁食，直至第二天夜幕低

三大朝聖節慶之一的帳棚節，是紀念上帝於以色列人行經曠野、前往迦南，所予以色列人的保護。這些孩童一手拿路來福（一捆由棕櫚枝、香桃木枝和柳枝組成的樹捆），一手拿枸櫞（一種橘類水果）。這些植物朝向羅盤的四方位、地和天揮舞，而上帝則被讚美且被認知爲不動搖之創造核心。

垂時爲止，這便爲罪作了贖償。守律法的人會整日呆在會堂裡，祈禱求赦免。就連較屬世的人也常參加這種新年和贖罪日的崇拜。其他時間從不上會堂的猶太人，也深爲這種儀式與象徵意義

吸引，因此會堂裡通常都坐得滿滿的。

其他的禁食日則包括了亞筆月九日（Tisha B'Av），它是在紀念聖殿於西元前五八六年和西元七〇年，先後為巴比倫和羅馬人所毀。改革派常不守此日，因為他們根本不期待也不渴望重建聖殿，只是近年來這種想法又有復甦之勢。其他較小的節日還有坦木茲月齋日（the fast of Tammuz），它紀念耶路撒冷城牆在巴比倫和羅馬的軍隊手下的破碎，而特維月齋日（the fast of Tevet）這天則是在紀念巴比倫軍圍城之始。在以色列，這一天的禁食也是為紀念納粹大屠殺中喪生的六百萬猶太人。禁食的內容包括了禁戒食物與飲料、沐浴、性生活，和皮革衣物。一般而言，猶太教並非特別禁慾的宗教，但是藉著這每年進行的禁食模式，敬虔的猶太人也得訓練其生理天性，並親身參與歷代猶太人所遭遇的災難。

由生至死

自古以來所有的猶太男孩都要受割禮。根據傳統，這種儀式做法（稱為割禮之約；Brith Milah）可以追溯到大族長亞伯拉罕的時代。至今這項手術仍在孩子出生後八天施行。孩子會給緊緊抱住，實際的手術則由一位專業的割禮師稱為**摩海**（Mohel）來進行。這是需要相當訓練的工作。進行之前，作父親的要先行祝禱：「耶和華我們的上帝，宇宙之王，已藉由你的十誡讓我們成聖，又命令我們把子孫帶進亞伯拉罕之約裡，你是應當稱頌的。」⑱聚集的會眾則對此回應道，「這孩子既已進入這約，也願他進入托拉裡、婚姻之幕裡，以及好行為裡。」於是這孩子要被命以希伯來名字，典禮後常會繼之以歡宴。割禮的做法在此一社群裡根深柢固，就連世俗猶太人也常為其子行此禮，只是可能

改由外科醫師進行，而非宗教儀式中舉行。女兒的出生則僅是在平常的會堂崇拜裡，藉一個簡短的嬰兒祝福爲紀錄。比起爲割禮而行的典禮，顯得微不足道。近年來，主要因爲女性主義運動之故，有人也開始爲女嬰行特殊的崇拜，以慶祝她們進入上帝之約。雖然現今也有人提出多種代行之方，但是目前爲止，仍無他種辦法足能抓住那混有痛苦、流血、不安全感、與喜悅，以及此男性割禮所具之古老象徵。

如果男嬰爲頭生，那麼一個月後就還要再進一步舉行一項儀式（皮德陽‧哈班；Pidyan Ha-Ben）。據傳統，頭生的兒子屬上帝，須由其父母贖回。這裡面包括要付給祭司象徵性的金錢或銀飾。如今在猶太教裡，祭司（Kohen）的功能已經很少，但是這社群裡的一些成員，包括猶太人的母系姓氏，仍可追溯其族譜爲古以色列裡的祭司家族。在該儀式中，作父親的要交出錢來，而祭司則要把錢高舉於嬰兒上方，說道，「這個代替那個，這個交換那個，這個免除了那個。」⑲然後他要爲這孩子禱告，作傳統的祭司祝禱。此一儀式不爲改革派猶太人所取法——部分的理由是因爲改革派猶太人不信其所宣稱的祭司家世，二者是被視爲對小女孩的差別待遇。

根據猶太律法，父母有義務教育子女，在正統派的圈子裡特別期望男孩能有學問。男孩十三歲時，在猶太觀念是已進成人之齡。自那時起，人便期望他恪守誡命，在會堂裡的，也能計算在崇拜所需之法定人數裡。等他達到了這個地位，他就被視爲誡命之子（Bar Mitzvah）。傳統上，這個男孩會在會堂裡叫起來誦讀托拉卷軸。對一個接受密集托拉教育的正統派孩子而言，這並不困難。正統派家庭裡男孩多半能閱讀希伯來經文，但也會有特別的課程爲幫助那些不那麼熟悉該語言的男孩而開設，以便他們能

到了十三歲，男孩有義務守十誡；行誡命之子成年禮時，他也在會堂被叫起誦讀托拉。

以相近於那些較守律法之同伴的熟練度，來吟唱他們的「部分」。此一典禮常還伴隨了一場盛宴。一般來說，宗教權力機構對此也頗感尷尬，但是又覺得無力阻止。還有一點也頗令人感到挫折，一旦事情辦完，很多男孩就不再繼續受這教育。

　　有段時間，改革運動較傾向於讓男女孩子一同上宗教學校至十六歲，而非舉行男孩成年禮的崇拜，但是社群的壓力卻促成現在男女孩子各有其儀式的做法。女孩子在十二歲時成爲誡命之女（Bat Mitzvah）各方面都與其弟兄的無異。現代正統派讓女孩子也有儀式，只是她們不誦讀托拉卷軸。唯有嚴格正統派對女孩成年事上，依然一無事作。對改革派、保守派，和現代正統派來說，女孩成年禮不只是一種妥協而已，它更確認了社群對當代婦

女的角色所持的觀點。

　　人一生裡的第二件重要大事件便是婚姻。猶太人沒有守獨身的傳統，而在嚴格正統派裡，年輕男女多是在十八、九歲或二十出頭時成婚。父母常會給這對年輕夫妻經濟支持，直到做丈夫的完成其猶太教育為止。非正統派的則不然。年輕人常去讀世俗的大學，進行冗長的專業訓練。他們離開家園，又往往脫離社群，因此常選擇以非猶太人為其婚姻伴侶。有人說，這樣的異族通婚，是現今形式下客居他鄉社群的存續所面臨的最大威脅。以一九八〇年代末期的美國來說，成婚的猶太人中有一半以上是與非猶太人聯姻的。一般來說，這種聯姻所生的子女都未以猶太的方式教養成人，成為其社群中遺失的一群。

　　有些非猶太人的配偶也確實改信了猶太教。這常發生於猶太男孩愛上非猶太女孩，他想娶她，卻也希望擁有猶太子女。正統派接受皈依的信徒，但堅持歸信之行為，須出自願為猶太人，而非單為結婚。進步主義在這方面則顯得更為包容。其會堂既深信猶太教之存續有賴人之歸信，就常開設歸信課程。所以本世紀裡歸信猶太教的人中，絕大多數都是透過進步主義的體系進入的。正統派並不以這些人為猶太人。在他們看來，他們仍是外邦人，若他們又為女性，則其子女仍為外邦人。今日很多改革派和保守派會堂的成員，都視自己為猶太人，依猶太人的方式養育子女，雖然這些孩子也為本社群視為猶太人，正統派卻仍視他們為非猶太人。

　　但是只要某一會堂接受配偶雙方為猶太人，它就會為這對新人舉行一次猶太婚禮來慶祝。這會在雙方父母共同支援其子女下，在一張婚帳（chupah）下舉行。婚禮上要當場簽下正式的婚約（ketubah；可圖巴），並由見證人簽字。此一婚約上常繪有精

貓頭鷹讀者服務卡

◎謝謝您購買《宗教的世界：猶太教的世界》

　　為了給您更好的服務，敬請費心詳填本卡。填好後直接投郵 (免貼郵票)，您就成為貓頭鷹的貴賓讀者，優先享受我們提供的優惠禮遇。

姓名：＿＿＿＿＿＿＿＿＿＿＿＿　□先生　民國＿＿＿年生
　　　　　　　　　　　　　　　　□小姐　□單身　□已婚

郵件地址：□□□＿＿＿＿＿＿＿　縣　　　　　　　　鄉鎮
　　　　　　　　　　　　　　　　市＿＿＿＿＿＿＿市區

＿＿＿＿＿＿＿＿＿＿＿＿＿＿＿＿＿＿＿＿＿＿＿＿＿＿＿

聯絡電話：公(0　)＿＿＿＿＿＿＿宅(0　)＿＿＿＿＿＿＿

身分證字號：＿＿＿＿＿＿＿＿＿傳真：(0　)＿＿＿＿＿＿

■您所購買的書名：　＿＿＿＿＿＿＿＿＿＿＿＿＿＿＿＿＿

■您從何處知道本書？
□逛書店　　　　□書評　　　　□媒體廣告　　　□媒體新聞介紹
□本公司書訊　　□直接郵件　　□全球資訊網　　□親友介紹
□銷售員推薦　　□其他＿＿＿＿＿＿＿＿＿＿＿＿＿＿＿＿

■您希望知道哪些書最新的出版消息？
□旅遊指南　　　□社會科學　　□自然科學　　　□休閒生活
□文史哲　　　　□通識知識　　□兒童讀物
□文學藝術　　　□其他＿＿＿＿＿＿＿＿＿＿＿＿＿＿＿＿

■您是否買過貓頭鷹其他的圖書出版品？□有　　□沒有

■您對本書或本社的意見：

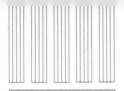

100

台北市信義路二段 213 號 11 樓

城邦出版集團

貓頭鷹出版社 收

美插畫，可成爲這對夫妻日後珍藏的紀念品。近年來，有越來越多的猶太人喜歡訂製自己特別的可圖巴，在上面繪上能突顯兩人個性層面的藝術創作。這樣他們就可以創造獨特的個人物品，藉此來確認他們對彼此和猶太教的信心。然後新娘和新郎會共飲一杯酒，新郎則把婚戒戴在新娘手指上說「請看，藉著這枚指環，按著摩西和以色列的律法，你我訂下婚約。」[20]後還有七項祝禱，來爲這對新人祈福。最後新娘踩碎一塊玻璃結束。該習俗之源已不可考，但一般咸信，這是提醒即使在婚禮的喜悅中，也不可忘記耶路撒冷被毀之殤。

猶太的婚禮是件值得大家慶賀的喜事。引一句祝詞的話來說，婚姻被視爲是「欣喜快樂、歡笑狂喜、愉悅開懷、愛、平安與友誼的」狀態。猶太教固然也承認離婚，但它總是被視爲一場悲劇。畢竟猶太人是以其強固的家庭生活著稱的。

最後生命也終有行到盡頭的一刻。猶太傳統強調應對臨終者致最大的敬意與關懷。他們鼓勵臨終者向上帝做最後的告白，理想的情況是他們能以塞瑪的禱告詞(「聽啊，以色列，上帝我們的主，上主是唯一的」)[21]爲臨終之言。依據猶太律法，人死後屍體要儘快安葬，基本原則是死者應受尊敬，屍體不可孤單獨置。正統派的做法是按禮儀將它洗淨，用簡單的亞麻或棉質裹屍布包好，棺木裡不容有任何金屬。送葬時由拉比帶領隊伍走向墓地，棺木放進墳穴裡的時候，要邊念誦祈禱詞，再將墳墓填平。通常還撰頌辭，稱揚死者的美德，最後是誦凱迪許，讚美上帝和祈求和平禱告。

葬禮結束，家人便回家去，開始一連七天的哀悼，人稱**七日喪期**(Shiva)。這一週裡社群的訪客會來致哀，一家人則除了上會堂以外，都留在家裡，足不出戶。這期間，哀悼者應該配合每

天崇拜，一日誦讀凱迪許三遍，但是哀悼者會逐漸重回正常的生活。若爲父母之喪，則應誦讀凱迪許一整年。因爲此一祈禱文只能以十人之法定人數誦讀，所以這期間上會堂是強迫性的。接下來每一年，死者的希伯來逝世日這天，他/她都會舉行紀念。這個逝世紀念日被稱爲**週年悼親日**（Yahrzeit），其做法是要點上一根能燃燒一整日的蠟燭。因此，在猶太傳統裡，那些已逝者的記憶會藉著一年一度的經常性儀式，永活在那些深愛他們者的心中。

改革派猶太人則與正統派不同，有時他們也會選擇火葬。然而誦讀凱迪許和點燃週年悼親日蠟燭的做法，則是連最屬世的猶太人也普遍遵行。

註　釋

①申命記4：35。

②創世記1：1。

③以賽亞書55：8-9。

④詩篇145：8。

⑤約伯記38：4。

⑥出埃及記19：5。

⑦《每日祈禱書審定本》(*AuthorBed Daity Prayer Book*)。

⑧同上。

⑨同上。

⑩利未記19：27。

⑪民數記15：37-8。

⑫創世記6-9。

⑬埃及記23：19，34：26；申命記14：21。

⑭出埃及記2：1-3。

⑮申命記16：16。

⑯逾越節哈加達。

⑰摩西・邁毛尼德(Moes Maimonides)，口傳律法(Mishneh Torah)(多人合輯)。

⑱《每日祈禱書審定本》。

⑲同上。

⑳同上。

㉑同上。

5 廿一世紀的猶太教
Judaism in the Twenty-first Century

未來的希望

嚴格正統派繼續以宗教詞語來觀察未來。猶太民族被逐出應許之地的這幾世紀的漫長時間裡，他們一直盼望並祈求著一些記認，證明上帝將干預世界歷史。此類信念的核心，就是上帝指這位君王，彌賽亞的來臨。據聖經詩篇作者指出，上帝應許大衛王和其後代永遠統治以色列。①雖然最後一位大衛家系的國王在西元前五八六年，遭巴比倫人罷黜，但上帝的誓約卻越來越被人視為一種對未來的預言。上帝自己將在這世上建立其統治；真理和公義將掌權，而此一統治也將永遠持續。彌賽亞將臨的信念是邁毛尼德（Maimonides）列為第十二條的信念原則，而這位哲學家也堅持，任何對此有所懷疑的人都牴觸了托拉。

漫長的猶太歷史期間，曾出現過許多自承為彌賽亞的人。最為人知的一位，即為拿撒勒的耶穌（西元第一世紀），也就是基督宗教的創始人。西緬‧巴‧寇可拔（Simeon bar Kokhba，西元二

世紀），曾於西元一三二年領導過一次反羅馬人之亂；大衛‧艾羅伊（David Alroy， 西元十二世紀），也曾領導巴格達的猶太人，使其相信他們都將乘著天使的翅膀飛回耶路撒冷去；沙巴泰‧薩費（Shabbetai Zevi， 1626-76）的績業已在第四章裡討論過。近年也曾再度出現了一位有可能候選為彌賽亞的重要人物。莫那罕‧曼德‧舒尼爾森（Menahem Mendel Schneersohn， 1902-94）這位路拔維奇（Lubavich）敬虔派的領導者，被其追隨者認為是彌賽亞的預言。雖然大多數的猶太人，不論是正統派、改革派或世俗人，都排斥這樣的說法，但此人死後，其忠心徒眾仍深信他必將再來。

多世紀以來，對彌賽亞來臨一事，曾做諸多的討論。研究塔爾姆德的拉比們相信，它將會是一個黃金時代，完全快樂的時光。這位彌賽亞既為上帝選定的代理人，就將恢復公義、教導托拉，並將一切錯誤導正。以色列的十二支派將會奇蹟似地重聚以色列，所有國家也將仰望耶路撒冷為其靈性啟發。因此對嚴格正統派而言，錫安運動是個嚴重的問題。根據傳統，猶太人不該在彌賽亞來臨前返回該地的。事實上，錫安主義份子淡化了回歸的屬靈意義，而把建立猶太國視為一種政治目標，而非宗教目標。至今仍有少數絕對正統派團體不接受以色列國的合法性。有些人甚至就住在這塊土地上，卻不參與其政治，依然等候上帝的拯救。但是大多數的正統派社群卻視此一新國家為彌賽亞時代起始。但是從目前中東的情勢看來，此一立場卻顯得越來越難維持，彌賽亞時代的主要特徵之一，就是全球和平的出現。

在其他的宗教領域，改革派運動的創始人在十九世紀時，因著不同原因拒絕了彌賽亞的原望。他們主張猶太人只是一個宗教性社群，而不是一個國家，他們並且考慮到彌賽亞的觀念是過於

排他主義的和國家主義的觀念。他們理解到可用公義和和平所達成的教育、經濟的改革，與科學發現的時期，來替換彌賽亞的時代，大屠殺的結果使改革派堅信錫安主義建立的原因。在輔助以色列上，改革派會眾通常會將世界的神聖使命轉譯爲社會行爲的方法。故這是本世紀改革派律師成爲公民權利的第一線的原因，他們對婦女解放拋棄了他們的束縛，以及密切地專注種種和平運動，因此，在建立上帝國度的古老期望被轉譯成一種俗世的社會、政治、教育改革的承諾。

傳統上，猶太人對未來的希望是以此世界爲核心——彌賽亞國王要在地上建立上帝的王國。而且，此事若非發生於某人在世期間，就會要發生於其子女或子孫的時代。個人永生不滅的教義是西元前三、四世紀才發展起來的，極可能是受巴比倫影響所及的結果，且非人人接納。即使在西元一世紀時，法利賽人縱然堅持死後生命的教義是聖經所暗示，撒都該人卻依然排斥不接受此說。但是到十二世紀時，死人將重新復活的信念已經建立穩固，成爲邁毛尼德的猶太信仰原則之一。照塔爾姆德拉比的教導，這個觀念在認定彌賽亞時代裡，死人將由沉睡中醒來，在上帝面前受審。邁毛尼德自己則認爲，等到復活以後，那些受過審判的人還會再次死亡，唯有人類的靈魂不朽。

今天大多數虔誠的正統派猶太人都同意此說。雖然現代人對科學物質的理解，常讓身體復活的觀念頗難爲人接受，但是對最終之獎懲所持之信念卻仍爲此一傳承。一般同意，正直的人將進天堂。文獻所在被描繪爲一美麗又歡愉之處。同時那些爲上帝所排斥的人，將受到一連串酷刑之折磨。上帝審判的信念是新年禮儀和贖罪日的基本要素。但是一般來說，現代猶太人是排斥上帝懲罰的觀念的。赫茲（J.H.Hertz）這位已逝的大英國協大拉比，

在他對傳統禱告書的註解裡明白主張：「猶太教排斥永刑的教義。」而且「雖然民間信仰和詩性的幻想很多，且各自不同……但是我們最權威的宗教指導卻宣稱，從未有人見過，也無人能測度，守候於人往生裡的究竟為何；但是即使是最敗壞的靈魂終也不致永遠受拒於屬靈福佑以外。」②這似乎是一項極其嚴重的刪略。若是作惡者不會受到懲罰，到末了時，竟然是所有人都將領受獎賞，那麼上帝的終極公義就極難為人所接受。

因此猶太人對未來的信念相當模糊。嚴格正統派仍繼續禱告上帝將差遣彌賽亞，帶來的黃金時代，召聚猶太的殘餘之民，使死人復活，並行最後的審判。但是大多數的猶太人卻不再期待這些。改革派和保守派相信靈魂不朽，但是他們為此的教導並不精確。他們特別排斥永刑的想法，很多人甚至做了更過分的推衍。不少人不再期待上帝在世上彰顯祂自己，而且也喪失了對個人永生的一切信念。他們猶太身分的核心，若非專在對政治性以色列國的效忠，就是在致力維持猶太民族存續的抽象觀念之上。這樣的想法已成現代猶太主義——以色列和猶太人——的兩大支柱。但是許多解經家都不信如此觀念能足以支撐猶太民族至下個千年之期。

猶太國之存續

現今以色列這個猶太國家，並非為彌賽亞所建。它是大規模猶太移民、世界輿論的同情，和聯合國決議所生出的結果。從最早開始，它就處於岌岌可危之境。聯合國在一九四七年建議成立一猶太國家時，周圍的阿拉伯國家就堅持不許它存在。獨立戰爭裡，猶太移民與遠強於他們的勢力相抗，就連阿拉伯人失敗之際，依然拒絕承認此新國。事實上，以色列是處在受困之地。自

一九四八獨立戰爭結束至一九九三年的這些年間，有一萬八千多名以色列人喪生於戰事或是恐怖份子的攻擊裡。一九七五年聯合國譴責錫安主義為一種族主義，而以色列軍隊也視為壓迫性的帝國主義武力。

巴勒斯坦問題並未去除。一九六七年的六日戰爭以後，以色列人佔領了約旦河西岸和加薩。這些地方是數百萬充滿敵意的阿拉伯人的家鄉——逃避以色列獨立戰爭的難民，他們大多數人的居住環境極差，又缺乏受教育的機會。新的猶太移民被鼓勵到此領土上殖民。一九八二年，軍方試圖一舉消滅巴勒斯坦的恐怖份子，而對他們的黎巴嫩基地發動了攻擊。這場戰役對恢復以色列在世人眼裡的形象一無助益，而在一處伊斯蘭教難民營遭到以色列結盟之黎巴嫩基督徒民兵的屠殺之後，情況益發惡劣。這當兒，住在佔領區的阿拉伯人變得越發好戰。一九八七年開始的民眾暴亂（Intifada），衍發得難以控制。就連最愛以色列的客居他鄉的猶太人，對以色列士兵朝拋擲石塊的孩童開槍的那幕景象，也深感困擾。

這就是目前和平會議產生的背景。一九九三年時，當時以色列總理葉茲哈克·拉賓（Yitzhak Rabbin， 1922-96），他也是軍事英雄，與巴勒斯坦解放組織的領袖，亞錫·阿拉法特（Yassir Arafat， 1929)做了極具象徵意義的握手之舉。雙方致力於執行奧斯陸協定（Oslo Accords），其中包括了巴勒斯坦人得在加薩和西岸走廊地區進行自治的想法。巴勒斯坦解放組織承認以色列，而以色列也承認巴勒斯坦解放組織有代表巴勒斯坦的權利。以色列需要經濟的穩定，這個國家倚靠美國的支持已經太久。一九九〇年代早期，該國有一〇％的人口失業。隨著俄國民主政治的來臨，成千上萬的俄國猶太人，使用以色列回歸法下獲得移民權

利，來到以色列。這些人中多有教育程度極高之士。他們爲讓加速發展經濟，而認爲善用科技專業資源，益發顯爲必須。以色列想要建立它自己獨立且經濟穩定的國家，和平即屬必要。

即使是拉賓遭受極端主義學生刺殺，以及右翼政府的大選勝利，都未使此和平過程爲之夭折。以色列右派受到極正統派的支持，後者決心建立一個以聖經中以「大以色列」國爲上帝應許之地的界標。但在其餘民衆看來，這卻有欠實際。這一大批新來的俄國移民雖曾受過反猶太主義的切身之痛，但經過八十年蘇維埃政權的統治，對此猶太宗教還有任何認識的人已經鳳毛麟角。按照傳統正統派的定義，大部分人都已不合做猶太人的資格。他們所求的只是一個像樣的生活，能享有經濟和政治上的穩定。就算這些俄國人不算在內，多數以色列民衆也都沒有信仰。他們看重的首要之務，不是一個「更偉大的以色列」，而是和平。

同時，在以色列居住的阿拉伯出身的人，以及以色列的公民，也佔了至少二○％的以色列人口。他們的出生率比猶太人的平均出生率爲高。這些人大多被其猶太鄰舍視爲二等公民，就讀大學和具專業特長的人數也甚低。究竟他們還能再忍受這種情況多久，實屬可疑。自一九六七年以來，因爲進行和平程序的緣故，以色列佔據的領土上已經開始建有巴勒斯坦自治區。可能不久，就會出現一個獨立的巴勒斯坦國。到時候，這些以色列的阿拉伯人固然可能會願意遷入此一新國，但同樣他們也有可能，寧以其本身的民族主義期望來瓦解這個猶太國家。最近在老南斯拉夫所發生的一些事件，就顯示了這種可能的危險。

四周的阿拉伯國家，視與以色列的和平相處，創造一地區性經濟共同市場。雙方都有很大的動機，要建立一個共同的貿易同盟。欲作成此事，猶太人與伊斯蘭教的極端份子都必須靠邊站。

許多評論家相信，一旦以色列人與約旦、敘利亞和黎巴嫩在經濟計畫上進行合作，社會上的互動就會隨之展開。目前在此猶太國家，任何無法由母系血統顯示正統猶太身分的人，婚姻都會成問題。許多俄國、衣索匹亞和美國改革派的移民都在這方面面臨困難。婚姻仍繼續為正統派體系所控制，他們只允許猶太人（按照他們的定義）跟猶太人成婚。這已經釀成了極大的不滿。一旦以色列與阿拉伯的經濟性聯合開發展開，這種情況就還會更形惡化，因為猶太人與伊斯蘭教徒間的婚姻也極可能隨之而來。正如異鄉客的年輕猶太人越來越多傾向於異族通婚，他們擇娶的配偶多為與其共同成長和受教育的外邦人，同樣的趨勢將有很可能發生於以色列。

因此，許多觀察家相信，以色列將來是中東諸國之一。憑著其所獨有且排他性的宗教與文化，它將不再是主要靠美國金援的西方前哨站，而是成為中東社會裡的一部分。到廿一世紀末，猶太人與阿拉伯人之間甚至可能出現一種混合文化。以色列將主要為一俗世的國家。嚴格正統派將繼續居住在孤立社會裡，儘管生殖率高，居民卻為少數。多數人仍為俗世的中東人，是猶太人與阿拉伯人兩者的後裔，不在致力托拉與塔爾姆德的鑽研，卻在追求繁榮與科技的進步。也許正統派是對的——也許在上帝的彌賽亞來臨之前，猶太國家的確不可能建立。

近年來，在基督徒與猶太教徒關係的世界裡，也出現了有希望的發展。一九六五年時，羅馬天主教發布了通諭「我們的時代」（Nostra Aetate）。相信在猶太教中承認猶太人與基督徒之間具有屬靈上的關係，肯定了上帝與猶太人所立之約的延續性。尤為關鍵的一點是它解除了猶太人為殺上帝的兇手的罪名：「雖然當初猶太當局和人民，確實要求殺死基督，卻並不能以偏蓋全

的歸罪所有猶太人身上，也不能據此來反對今日之猶太人。」③

　　同樣的，(世界教會會議)是最重要的基督徒的大公團體，在一九四八年表達了對大屠殺滅絕猶太人之舉的痛惡。一九四八年時該團體通過動議，強調耶穌的猶太人身分，以及上帝對猶太人的關切。一九六七年更發布了聲明，確認上帝在希伯來聖經裡的啟示雖在耶穌身上得到實現，但祂卻並未放棄猶太國。今日，許多國家都支持基督徒與猶太人會議的活動，鼓勵兩信仰間的接觸與對話。雖然反猶太主義一直是基督國家歷史中一個不變的特徵，現在卻有徵候顯示，很多心懷善意的人正在努力去除此一可怕的傳統。有證據顯示，終於基督徒和猶太人都已開始體驗詩篇作者話語中的應許：「看哪，弟兄和睦同居，是何等的善，何等的美。」④

猶太教與女性主義

　　如今世上大部分的猶太人都不再期望彌賽亞的來臨，而且對上帝終極的公義也鮮有信心。將來以色列本身很可能也會由一個猶太國家變成世俗國家。許多猶太人都與非猶太人通婚，而猶太教與基督徒的宗教體制間，也在建立更好的關係。此外還有另一個對傳統猶太信仰更加嚴重的挑戰，就是來自今日世界中女性角色的改變。

　　嚴格正統派的猶太教，基本上是個父權中心的宗教，這裡面男女是各有其明確的角色界線。誠然，猶太人的身分是由母及子的傳遞下來的，但孩子卻被叫做父親的兒子或女兒(像是 Isaac Ben Abraham 和 Michael Bat Sha'ul)。前面我們已經看到，傳統上兒子的誕生是要行割禮大加慶祝，要舉行贖回首生之禮。女兒的誕生則僅是在會堂崇拜過程中，行簡短的祝福。因此看出，正

統派偏寵的性別究竟爲何。整個孩子成長的童年裡，這樣的性別歧視一直存在。男孩的教育是父母一項重要職責，一定要盡心竭力的做好。這個孩子一定要長成一個精通托拉和塔爾姆德的人，讓家人有光彩。女兒的教育在正統派裡，卻是另一回事。當然她必須在經營一個飲食高塞的家庭上聰明而有智慧，但傳統上她並不被鼓勵要極高明的知識。在很多圈子裡，女人甚至是不准去研習塔爾姆德的。雖然以色列和美國的正統派社群也確實有給女性就讀的宗教學校，但是他們是沒有女拉比的。男孩子在十三歲達到宗教上的成熟年齡時，他的誡命之子典禮是大事。他會在全家族出席的大家庭，父母的朋友，以及全會眾的面前，被叫起來朗讀托拉卷軸。但是該傳承裡卻沒有爲女孩子進行類似的儀式。一般承認女孩子會比男孩子成熟得早一點，所以年輕的猶太人女孩是在十二歲時算是成年的，但通常誡命之女（Bat Mitzvah）的典禮僅以家中舉行一場小宴會而已。

女性是豁免參加一切有時間限制的肯定性誡命的，所以她們無須熱心參與會堂裡的禮儀生活。她們的出席甚至也不算在禮拜所需的必要法定人數之內。這表示，若是一個女人的父母去世，而她又沒有弟兄，她就得求她的丈夫或是出錢延請其他敬虔的猶太男人來爲這死者誦念凱迪許。就算她自己上會堂，也只能坐在婦女區內。該區不是處在一厚重簾幕之後，而她不得見過程的進行；不然就是高居崇拜上方的一個區隔開的廳廊裡。兩種位置都是不鼓勵直接參與。無論如何，在禮拜過程中也早已顯明了她的地位。每天在崇拜中，男人都要祈禱，「我主上帝，宇宙之王，未將我造爲女人是應該讚美。」⑤相對的，女人的禱告則是「按祢心意創造我的」。⑥

婚姻和母親是嚴格正統派女孩唯一可接受的命運。她們從沒

有類似基督徒的修道院傳統，可供她們在那裡發展其個人興趣，並開發與上帝私人的關係。洋洋灑灑十六巨冊的《猶太教百科全書》（Encyclopaedia Judaica）裡，可尋索有關女人的條目，竟然少得可憐。希伯來聖經裡只有三本書是以女人的名字命名的——路德記（Ruth）、以斯帖記（Esther）、和友第德（Judith）。一般來說，女人會為人記得的身分，是男性英雄或學者之妻或母親。在早年，女人既被鼓勵早早結婚，而節育這種事又是極不受人鼓勵，所以她們就少有完成大學教育，或是受正式專業訓練的機會。據創世記，女人是為男人所造的一個「配偶」⑧。 所以一般人就將此了解為，妻子要讓丈夫免除於一切家中的煩擾，以便他能專心於塔爾姆德的鑽研。因此，多少世紀以來，正統派世界裡的女性稟賦，一直都局限在家務事裡打轉。

在今日歐美和以色列的嚴格正統派社群裡，這種情況仍鮮有改變。男孩子仍是與其姊妹們分開來受教育；不分男女，早婚都受到鼓勵，而大家庭也被視為一種祝福。一般來說，嚴格正統派是以漠視不理的方式來處理女性主義運動的。在以色列，因為正統派在個人地位之事上，擁有完全的掌控，所以女性仍處身某種民權障礙之地。最嚴重的就數離婚這件事。這裡沒有民事離婚，根據猶太律法，離婚只能是單向的男人對女人，而不能有逆勢作為。如果一個男人拒絕與其妻子離異，她就難獲法律上的平衡補救。她可能會落在一個毆妻、騷擾子女，或是結夥殺人的兇手手中，但只要他不給她必要的文件，她就無法合法的脫離他、得到自由。但是，另一方面，婦女是不受正統派律法所限制的。以色列的憲法保障男女完全平等。在絕大多數的以色列人口中，兒子和女兒都接受相同的教育，並享有相同的就業機會。

這樣在以色列國裡，世俗的猶太女人就處在一種奇怪的立場

上。一方面她們在離婚之事上須忍受極大的不利，但在正常的日常生活中，又可以期望與其男性同僚享有平等的待遇。對客居他鄉的猶太人間，情況就不同了。多數猶太人並不依附嚴格正統派。在現代正統派的會堂裡，婦女確實擔任領導的職位。她們可以任會堂主席和主要的基金籌募人。只是不可能被按立爲拉比，也不能被算在崇拜所需的法定人數之內。這是因爲現代正統派認爲，成文與口傳律法都是上帝直接頒受，因此一點也不可改變。

而保守派與改革派的會堂就大不相同了。在此男女可以同坐，大家都充分參與在崇拜裡。改革派、保守派和改造派的誡命之女的成年禮，是以完全同於男性的誡命之子的成年禮的興奮心情來慶祝，而女孩子也能接受與其兄弟完全相同的宗教教育。自一九七〇年代初期以來，改革派運動就已按立女性爲拉比，近年來，保守派和改造派也都在循此而行。雖然保守運動已經接受女性按立以及禮儀上的平等觀，但在個別會堂裡，這仍是一件正熱烈辯論中的事情，而各堂在平等的做法上，也有很大差異。今天非正統派的拉比學院都有大約爲數相等的男女學生，而且一般人都同意，來此就讀的年輕女性，其才華常常還高於那些年輕男孩子的。因此到了廿一世紀，很多在會堂裡站講壇的領導者，很可能都會是女拉比。

現代猶太人受到女性主義運動的強烈影響；事實上，很多最爲人知的女性主義領導者，本身就是猶太人出身。非正統派和世俗猶太人對塔爾姆德研習的傳統熱情，也早已轉變爲另一種渴望，乃是欲其子女也能享有外邦世界所能提供之最佳世俗教育。他們希望女兒也能跟兒子一樣，有此受教育的機會。今天許多年輕猶太女性都在學醫、念法律，或是讀商學院。她們對未來的抱負，在受到教育體系肯定女性之正面偏護之助下，更顯得意氣風

傳統上只有男人才能當拉比。但是在近幾十年裡,改革派、保守派、和改造派運動也已經允許女人按立為拉比。

發。在這些受過高等教育的團體裡，晚婚成爲常態。事實上，很多人甚至選擇不婚，事實上擁有與她們相當或較高成就的年輕男性，似乎也嚴重缺乏。就算她們果眞結婚，通常也不大可能養育兩名以上的子女。非正統派猶太夫妻的生育率很低，比基本的再生率低許多。

儘管有現代正統派和非正統會堂所作的諸多努力，這些聰明、高收入的年輕女性卻似乎並不怎麼爲其所動。就算她們果眞找到一名猶太男人嫁給他，生養了猶太的子女，他們與宗教社群的關係通常也很空泛。他們在主流的外邦人社會中自在往來，朋友很可能也多爲非猶太人。對那些在外邦人菁英中間長大並受教育的年輕人來說，異族通婚和全然同化都極有可能。

同化與長程的未來

美國的猶太社群仍是全球最大，而他們也越發有錢有勢。過去一些私人俱樂部和住宅區不准猶太人進入的時代早已過去。自一九六〇年代早期以來，猶太年輕人就在以史無前例的龐大數量，進入顯赫的大學和專業領域。他們的進步常令人咋舌。到一九七〇年時，哈佛大學大學部的學生裡竟有二五％爲猶太出身，而哥倫比亞大學也同樣達到了四〇％。這一代學生長大起來，便在一九九〇年代的法政圈子裡建立了可觀的影響力。克林頓總統（1946）於其第一任的任期內，就曾指派過兩位猶太人進入最高法院，而在一九九二年裡的國會大選，猶太人在參衆兩院獲得的代表席位，均爲居住該國總人口的五倍之多。醫界、大學、娛樂事業、新聞界、銀行界和一般商業界裡，也都有類似情況。

到一九九四年時，雖然美國猶太人只佔全國總人口不到二％的比例，但他們卻幾乎在所有公共領域裡都有影響力。此一社群

多居住郊區的中產階級、受過大學教育，且相當富裕。尤其值得注意的是，很多人雖然傳統上有傾自由的政治立場，但他們卻在雷根與布希時代成為共和黨員，只是絕大多數人依然投票支持民主黨的克林頓。但是在一九八〇年代裡，事實證明他們對經濟本身的興趣還是較強，勝過了傳統猶太人對社會正義和弱勢團體的關切。不過近年來，對年輕人來說，或許前景已經不那麼樂觀。種族與性別的區隔綱領，似乎有點不利於猶太的男性學生（可不是他們的姊妹）。也許一九九〇年代長大的這一代將來在打入美國社會高層會有較大的困難。但以目前來說，猶太社群的表現似乎依然不錯。

這並不是說，反猶太主義已不存在於美國；只是在有禮的社會裡，這方面的證據已經罕見。大屠殺已經極明白的演示了猶太仇恨所導致的結果。透過教育計畫、大屠殺紀念堂與博物館，以及流行文化的工藝品，納粹時代仍被成功地保留在公眾的眼前。像《蘇菲的抉擇》（*Saphie's Choice*）和《辛德勒名單》（*Schindler's List*）之類的電影，都讓猶太人受的痛苦不曾被人遺忘。反中傷聯盟，這個為對抗反猶太主義的表現而成立的組織，在對付反猶太偏見的表現上，也向來特別有效率。就連最近開始出現於美國黑人社群裡的反猶太跡象，也未能對猶太社群的安全造成什麼危害。

不可避免的，隨著公然表達的猶太憎恨意識的衰微，和猶太人的打進所有美國中上階層生活的體制裡，猶太人也開始被視為頗為可取的婚姻對象。數字本身即可為證。一九〇〇年到一九四〇年之間，只有不到三％的已婚猶太人與外邦對象成婚。而在一九四〇年代和一九五〇年代結婚的人之間，這個數字便上升到了六・七％。到了一九七〇年，該數字更躍升為三一・七％，而一九

八〇年代中葉，更達到了五二％。⑨換言之，每一對猶太夫妻，表示有兩個異種族的人結褵。在過去，猶太男性要比猶太女性更可能「外娶」。其模式似乎是這樣：通常選擇外邦妻子的猶太男人所挑選的女子，其父親之經濟社會地位往往比他們本身的爲低。這樣的女人多願意歸信猶太敎。而今天，每三對夫妻中卻最多只有一對會願意皈依，這些混合婚姻所生的子女中，每三個才會有不到一個是受猶太敎的。這些家庭大多成爲猶太敎喪失的信徒。不但如此，很多猶太人還選擇根本不婚，或是寧有同性戀的關係。有鑑於此，很多評論家都認爲，美國的猶太人，用歷史家諾曼‧坎陀（Norman Cantor）的話來說，是猶如「走在有去無回的途上，消失在異敎族群的區隔中。」⑩

　　如今這個社群正在努力挽回頹勢。數字顯示，不具宗敎背景的猶太人較有「外娶」的想法。因此，成立猶太托兒所和進行會堂計畫，以便把異族通婚和未有所屬的猶太人帶進社群裡，同時，嚴格正統派那些大體不受世俗化影響所及的人，則是把自己封入了嚴守律法的抽象猶太特區之內。他們是還在大量生養子女的成員。正統派業西瓦和女孩所就讀的神學院裡，都顯得前所未有的興旺。同時，嚴格正統派也越來越少與其他的猶太世界合作，認爲後者爲無可救藥的被同化。但就算在這一小群興旺的異類族群裡，每個猶太家庭的平均子女數，也仍低於維持目前人口所需的二‧三％的比例。

　　其他客居他鄉的猶太人所居的國家，情況也大同小異。嚴格正統派繼續維持其特殊生活方式，但在該社群裡的其餘部分裡，異族通婚的比例仍不斷成長，每年都有成千上萬的猶太人在流失。例如，在英國，就有一半以上的猶太年輕人選擇外邦的婚姻對象，而猶太夫妻的生養率也比該國的全國生養率低了二〇％。

由於情況緊急，所以強納丹·薩克斯(Jonathan Sacks， 1948)這位大英國協的大拉比，就已寫了一本名為《我們還會有猶太子孫嗎》(*Will We Have Jewish Grandchildren*)⑪的書，並且率先領導了一個擴及全社群的運動，為要拯救猶太人的存亡絕續。

因此很多觀察家相信，目前的情況不容作樂觀的想法。客居他鄉的猶太人出生率太低，而同化的吸引力又太大。誠然，以色列仍將保留在那些猶太人所出的後裔手中，但一些評論家也越來越相信，在未來幾十年裡，他們也會跟周圍的國家通婚，而逐漸視自己為以色列人，而非猶太人。唯一能存活下來的，將是嚴格正統派，他們將持續以其先人從事的方式來敬拜上帝，但也會越來越孤立於現代文明之外。

註　釋

①詩篇89：4。同時參見撒母耳記2：7。

②《每日祈禱書審定本》(*AuthorBed Daity Prayer Book*)。

③梵蒂岡，Nostra Aetate (1965)。

④詩篇133篇。

⑤《每日祈禱書審定本》。

⑥同上。

⑦(Jerusalem： Keter, 1971)。

⑧創世記2：18。

⑨取自 Jack Wertheimer 所作《一個分裂的民族》(*A People Divided*)(New York： Basic Books, 1993)，p.59。

⑩諾曼‧坎陀(Norman Cantor)，《神聖之鍊》(*The Sacred Chain*)(New York, London： HarperCollins, 1994)，p.426。

⑪(Essex： Vallentine Mitchell, 1994)。

小詞典

Agudat Israel　**阿古達以色列**　正統派所建立的反錫安主義的組織。

Amidah　**阿米達**　由十八篇祝禱文所組成的祈禱，在每日的會堂崇拜中誦讀。

Anti-semitism　**反猶太主義**　對猶太人的憎恨。

Ark　**約櫃**　原為儲放律法法版的容器；會堂裡存放托拉卷軸的箱子。

Ash kenazim　**西猶**　定居法國北部、德國、和東歐的猶太人，及其以色列和美國後裔。

Assimilation　**同化**　在主流的外邦人文化中喪失猶太人身分。

Av 9　**亞筆月9日**　紀念耶路撒冷聖殿的禁食日。

Bar Mitzvah　**誡命之子**　男孩13歲達到成人的典禮。

Bat Mitzvah　**誡命之女**　女孩12歲達到成人的典禮。

Blood Libel　**血謗**　指稱猶太人謀殺基督徒子女，並以其血來製造逾越節無酵餅的控訴。

Canon　**正典**　確立的聖經經典。

Chief Rabbi　**大拉比**　個別社群裡經確立的中央宗教權威。

Chosen People　**選民**　猶太人相信他們為上帝揀選的民族。

Conservatives　**保守派**　美國猶太教裡經修正過的改革運動。

Covenant　**聖約**　上帝與猶太民族間的特殊約定。

Crusade　**十字軍**　中世紀的基督教運動，目的把伊斯蘭教徒逐出巴勒斯坦。

Day of Atonement　**贖罪日**　猶太年裡最神聖的一日，當日要整日禁食並祈禱求上帝恕罪。

Dead Sea Scrolls　**死海書卷**　極可能是艾賽尼人所輯之古代書卷合集。

Dispersion　**客居他鄉**　在以色列地以外生活的猶太社群。

Enlightemment　**啓蒙運動**　十八世紀末、十九世紀初，世俗所生的科學與教育革命。

Essenes　艾賽尼人　西元一世紀極興旺的猶太僧侶社群。

Exegesis　聖經注釋　解釋聖經。

Exilarch　大首領　西元一世紀到十三世紀的巴比倫猶太社群領袖。

Fast　禁食　禁絕食物的一天。

Fringes（tzitzit）　繸子　加於衣袍角上的儀式繸子。

Gaon　加昂　巴比倫塔爾姆德學院為首者之頭銜。

Gentile　外邦人　指非猶太人。

Ghetto　猶太隔離區　區隔出來，專為猶太人居住之所。

Gospel　福音　基督教的記述耶穌基督的生平與工作。

Hagaddah　哈加達　逾越節餐的崇拜儀式。

Halakhah　哈拉卡　猶太律法。

Hanukkah　修殿節　冬季節慶，在慶祝馬加比戰勝希臘化人士之勝利。

Hasidim　敬虔派　十八世紀東歐神祕運動的信從者。

Hellenizers　希臘化人士　西元前四世紀，試圖引入希臘思想人士。

High Priest　大祭司　在耶路撒冷聖殿裡的以色列大祭司。

Holocaust　大屠殺　一九三三年到一九四五年間歐洲猶太人受到的殺戮。

Holy of Holies　至聖所　耶路撒冷聖殿最內層的聖所。

Humanistic Judaism　人本猶太教　現代美國猶太人中進行的一種激進運動。

Intermarriage　異族通婚　猶太人與外邦人間結成的婚姻。

Israelites　以色列人的　特別指聖經時代的猶太民族。

Kaddish　凱迪許　由哀悼者誦念的頌揚上帝偉大的祈禱。

Karaites　愷徠　第八世紀創的一種異端教派的信從者。

Kashrut　食物規條　管理食物方面的律法。

Kibbutz　猶太屯墾區　以色列的集體農場。

Knesset　以色列民選議會　以色列經選舉成立之議會。

Kosher　高聖　適合吃食。合於食物規條的規定。

Law of Return　回歸法案　予每一猶太人於以色列定居之權的法律。

Lulav　路来福　以棕櫚、柳樹枝和香桃木枝子紮成的樹捆，在帳棚節時使用。

Matrilineal　母系　由母親一系傳遞之血統。

Messiah　彌賽亞　上帝選定之王，他將在地上建立祂的王國。

Mezuzah　經匣　置於猶太人家門柱上的羊皮卷軸。

Midrash　米卓許　聖經的拉比註解。

Mikveh　米克維　猶太社群進行之儀式性沐浴。

Mishnah　米示拿　口傳律法。也是猶大哈拿西在西元二世紀所編纂之口傳律法
　　　　　的書名。

Mizrakhi　米拉其　正統派錫安運動所創的黨派。

Modern Orthodox　現代正統派　正統派現代主義運動的信從者。

Mohel　摩海　儀式性的割禮師。

Monotheists　一神信徒　信唯一上帝的人。

Nasi　拿西　西元二世紀至四世紀巴勒斯坦猶太社群領袖之頭銜。

New Testament　新約　基督徒的聖經描述耶穌基督和早期教會歷史的部分。

Oral Law　口傳律法　成文律法的口傳闡釋，紀錄在米示拿和塔爾姆德裡。

Orthodox　正統派　那些相信成文律法與口傳律法皆爲上帝所授，且須切實遵
　　　　　守之士。

Passover　逾越節　猶太人從埃及釋放的節慶。

Patriarchs　大族長　猶太民族的祖先，亞伯拉罕、以撒、和雅各(以色列)。

Pharisees　法利賽人　第二聖殿時期的一個宗敎派別，是一群嚴守成文與口傳
　　　　　律法的人。

Phylacteries (tefilin)　經符匣　敬虔的猶太人每日綁在他們的手臂和額頭上的
　　　　　一個小盒子，裡面裝有羊皮卷軸。

Pilgrim Festival　朝聖節慶　指逾越節、七七節和帳棚節，傳統上都得在耶路撒
　　　　　冷慶祝。

Piyyutim　皮宇廷　用爲祈禱的詩文。

Poale Zion　勞工錫安黨　錫安主義的社會主義運動。

Pogrom　波格農　十九世紀與二十世紀初俄國和波蘭所發生的攻擊行爲，通常
　　　　　針對猶太人發動。

Progressive 進步的 非正統派的。

Promised Land 應許之地 指以色列。聖經裡上帝應許給亞伯拉罕和其後裔的土地。

Prophet 先知 講宣上帝話語之人。古典的先知其話語保存於聖經中的那些。

Proselyte 入教 皈依。

Purim 掣籤節 慶祝聖經所記，波斯猶太人得到拯救的慶節。

Rabbanite 拉比信徒 相對於愷徠的一種人，他們接受口傳律法的合法性。

Rabbi 拉比 一位獲認可的猶太教師和精神領袖。

Rav 拉夫 授與巴比倫猶太教師的頭銜。

Reconstructionists 改造主義者 一種激進的二十世紀猶太運動的信從者，他們視猶太教為一演化之文化。

Reform 改革派 一種進步主義的宗派，他們試圖讓猶太教與現代的歷史知識相容。

Resurrection 復活 認為死人會從墳墓裡起來，接受到上帝審判的一種信念。

Rosh Hashanah 新年 猶太曆新年之始。

Sabbath 安息日 星期六，休息之日。

Sadducees 撒都該人 二次聖殿期間的一個貴族性祭司宗派。

Samaritans 撒瑪利亞人 北國居民的後裔，他們已與週遭民族通婚。

Sanhedrin 公會議 二次聖殿時代和其後猶太人的最高宗教會議。

Scroll 卷軸 一段捲起的羊皮，上面記載了聖經。

Seder 逾越節家宴 逾越節當日在家裡享用的一頓特別的餐食。

Selinot 希里侯 西猶所做的一些懺悔祈禱文。

Sephardim 東猶 西班牙和東方出身的猶太人。

Septuagint 七十士聖經 西元前三世紀希伯來聖經的希臘文譯本。

Shabbat 沙巴泰信徒 追隨十七世紀假彌賽亞，沙巴泰·薩費的信徒。

Shavuot 七七節 慶祝托拉頒授的節慶。

Shema 塞瑪 猶太信仰的主要宣告。

Shiva 七日喪期 家中近親亡故所做的七日哀悼。

Shofar　公羊角　要在新年和贖罪日吹響的公羊角製成之號角。

Shfetl　斯泰托　居民以猶太人為主的東歐村落。

Sukkot　帳棚節　紀念猶太人曠野流浪的節慶。

Synagogue　會堂　供人禮拜的房舍。

Talit　塔利　正統派人士所衣。

Talmud　塔爾姆德　西元五世紀末在巴勒斯坦，和西元六世紀末在巴比倫所編
　　　纂的口傳律法概論。

Temple　聖殿　古代的中央神龕；現代改革派的會堂。

Ten Commandments　十誡　按照出埃及記20：2-14所記的，摩西獲上帝所頒的
　　　十項戒律。

Ten Days of Pentence　十日懺悔　由新年至贖罪日間的這段時間。

Torah　托拉　上帝給予猶太人的啟示；猶太律法；摩西五經。

Torah Scroll　托拉卷軸　記有摩西五經的卷軸。

Tsaddik　義人　世襲的敬虔派領袖。

Wall　牆　耶路撒冷聖殿之殘存部分。

World Zionist Organization　世界錫安主義組織　錫安主義的中央領導團體。

Written Law　成文律法　摩西五經裡的律法。

Yahrzeit　週年悼親日　近親逝世週年紀念日

Yarmulke　瓜皮小帽　猶太人所戴的貼頭殼小帽。

Yeshin（複數為 Yehivot）　業西瓦　塔爾姆德學院。

Yiddish　依地語　東歐猶太人使用的語言。

Yom Kippur　贖罪日　猶太年裡最重要的禁食日。

Zealots　奮銳黨人　對抗羅馬帝國的猶太分子。

Zionistts　錫安主義者　致力應許之地重回猶太民族的人。

發音指南

　　以下是已儘量簡化的發音指南，說明一般所接納的正確發音。音節以空格分開，而重音部分則以斜體字印刷。除下表列有明解釋的這些以外，其餘字母均以一般英語方式發音。

a	fl*a*t	yoo	*you*
aa	f*a*ther	u	b*u*t
ai	th*e*re	ă	*a*bout（非重音的母音）
ee	s*ee*	ch	*ch*urch
e	l*e*t	g	*g*ame
ī	h*i*gh	j	*j*et
i	p*i*ty	kh	guttural aspiration 喉部氣音（希伯來文與德文裡的 ch）
ō	n*o*		
o	n*o*t	sh	*sh*ine
oo	f*oo*d	ts	car*ts*

Agudat Israel: ah goo *dat* iz raa ăl

Amidah: ah mee *dah*

Ashkenazim: ahsh ke *nah* zeem

Av: *ahv*

Bar Mitzvah: bahr mits *vah*

Bat Mitzvah: baht mits *vah*

Gaon: gai *ōn*

Gentile: jen *tīl*

Hagaddah: hah gah *dah*

Halakhah: hah lah *khah*

Hanukkah: *hah* nă kah

Hasidim: ha *sid* eem

Havdalah: hahv dah *lah*

Kaddish: kah *dish*

Kashrut: kahsh *root*

kibbutz: ki *boots*

Kippah: kip *ah*

Knesset: *kne* set

kosher: *kō* sher

Lulav: *loo* lahv

Maskilim: mah skee *leem*

mezuzah: me zoo *zah*

Midrash: mi *drahsh*

Mishnah: mish *nah*

mitzvah: mits *vah*
Mizrachi: miz rah *khee*
Mohel: mō *hel*
Nasi: *nah* see
Pentateuch: *pen* ta tyook
Pesah: *pe* sah
Pharisees: *far* i seez
phylacteries: fa *lak* tar eez
Piyyutim: pee yoo *teem*
Poale Zion: po *al* e tsī *ōn*
Purim: poo *reem*
rabbi: *ra* bī
Rav: *rahv*
Rosh Hashanah: *rōsh* hah
    shah *nah*
Sadducees: *sad* yoo seez
Selihot: să *lee* hōt

Sephardim: se fahr *deem*
Shabbatean: shah *baht* ee an
Shabbos: *shaa* bos
Shavuot: shah voo ͑ot
shema: shă *mah*
Shiva: *shee* vah
shofar: sho *fahr*
Shtetl: *shtet* ăl
synagogue: *sin* ah gog
Talmud: tahl *mood*
Torah: tō *rah*
Yahrzeit: *yahr* tsīt
Yarmulke: *yahr* măl kă
Yeshiva: yă *shee* vah
Yom Kippur: *yōm* ki *poor*
Zealot: *zel* ăt

節慶與禁食日日程表		
季節	日　　期	節慶
春季	尼散月15-22日	逾越節——慶祝從埃及奴役中得釋放。
	艾亞月5日	以色列獨立日。
	施凡月6-7日	七七節，紀念摩西在西乃山上獲頒十誡法。
夏季	坦木茲月17日	坦木茲月禁食日——紀念耶路撒冷城牆在西元前五八六年爲巴比倫人所破，以及西元七〇年爲羅馬人所破。
	亞筆月9日	亞筆月初九——哀悼耶路撒冷聖殿在西元前五八六年和西元七〇年的被毀。
秋季	提施來月1-2日	新年——猶太人被召悔改的新年起始之日。
	提施來月10日	贖罪日。這一天是專爲求罪得赦免而祈禱禁食之日。
	提施來月15-21	日帳棚節——是猶太人住在小棚子裡，紀念暫居曠野歲月的節期。
	提施來月20-21日	慶法節——歡慶律法。一年一遍的托拉誦讀結束，並將重新開始。
冬季	吉斯來夫月25日一泰伐月3日	再獻聖殿節——燈燭節，慶祝希臘化的國王爲猶大·馬加比所敗。
	特維月10日	特維月禁食日——紀念巴比倫人圍城之始，以及納粹大屠殺的受難者。
	亞達月14日	掣簽節——紀念以斯帖記所載，毀滅波斯猶太人計畫受挫。

參考書目

General

Encyclopaedia Judaica. 16 Volumes (Jerusalem: Keter, 1971)
　　Invaluable articles on every aspect of Judaism.
NICHOLAS DE LANGE, *Judaism* (Oxford: Oxford University Press, 1987)
　　A popular, clear, and readable introduction to Judaism.
LOUIS JACOBS, *The Jewish Religion: a Companion* (Oxford: Oxford
　　University Press, 1995)
　　An excellent comprehensive introduction to the Jewish religion.
GEOFFREY WIGODER, *The New Standard Jewish Encyclopaedia* (rev. ed. New
　　York, Oxford: Facts on File, 1992)
　　A concise encyclopedia of Jewish religion and civilization.

Chapter 1

BARRY CHAMISH, *The Fall of Israel* (London: Canongate, 1992)
　　An account of big business and Israeli corruption in the 1980s.
DAN AND LAVINIA COHN-SHERBOK, *The American Jew* (London:
　　HarperCollins, 1994. Grand Rapids: Eerdmans, 1995)
　　A snapshot of a modern American Jewish community.
YAEL DAYAN, *My Father, His Daughter* (New York: Farrar, Straus, 1985)
　　A fascinating portrait of Israeli hero Moshe Dayan by his daughter.
DAVID ENGLANDER, ed., *The Jewish Enigma: an Enduring People* (London:
　　Peter Halban, 1992)
　　An overview of the community by a group of American and English
　　scholars.
SANDER GILMAN, *The Jew's Body* (London: Routledge, 1992)
　　A psychiatric interpretation of the role of anti-semitism in modern culture.

HYAM MACCOBY, *A Pariah People* (London: Constable, 1996)
  An interesting anthropological explanation of anti-semitism.
AMOS OZ, *Israeli Literature. A Case of Reality Reflecting Fiction* (Colorado
  Springs: Colorado College, 1985)
  Insights on Israeli culture by Israel's best known novelist.
NORMAN STILLMAN, *The Jews in Arab Lands in Modern Times*
  (Philadelphia: Jewish Publication Society, 1991)
  A fascinating history of Jews in Islamic lands since 1800.

Chapter 2

RICHARD ELLIOTT FRIEDMAN, *Who Wrote the Bible?* (London: Cape, 1988)
  A splendid summary of the findings of modern Biblical scholarship.
HANS KÜNG, *Judaism* (London: SCM Press, 1995)
  An important book on early Jewish history written by the world's leading
  Roman Catholic liberal scholar.
JACOB NEUSNER, *The Bavli: An Introduction* (Atlanta: Scolars, 1992)
  An indispensable guide to rabbinic Judaism written by a leading *Talmudic*
  scholar.
NORMAN STILLMAN, *The Jews of Arab Lands* (Philadelphia: Jewish
  Publication Society, 1979)
  An excellent account of the history of *Sephardic* Jewry.
KENNETH STOW, *Alienated Minority: the Jews of Medieval Latin Europe*
  (Cambridge: Harvard University Press, 1992)
  An interesting account of the medieval *Ashkenazic* community.

Chapter 3

MARTIN GILBERT, *The Holocaust: The Jewish Tragedy* (London: Fontana
  Press, 1987)
  An overwhelming account of the twentieth-century Jewish tragedy.
  Gilbert is the official biographer of Winston Churchill.
BENJAMIN HARSHAV, *The Meaning of Yiddish* (Berkeley: University of
  California Press, 1992)
  An important history of Yiddish culture and language.

IRVING HOWE, *The World of our Fathers: the Journey of Eastern European Jews to America* (New York: Schocken Books, 1990)
Bestselling account of the world of Eastern European Jewry.

MICHAEL MEYER, *Response to Modernity: History of the Reform Movement in Judaism* (New York: Oxford University Press, 1988)
A thorough history of the Reform movement.

ERNST PAWEL, *The Labyrinth of Exile: a Life of Theodor Herzl* (London: Collins Harvill, 1988)
An insightful biography of the founder of modern Zionism and his times.

Chapter 4

ISIDORE FISHMAN, *Introduction to Judaism* (London: Vallentine Mitchell, rev. ed. 1970)
A comprehensive introductory textbook of traditional Jewish belief and practice.

BLU GREENBERG, *How to Run a Traditional Jewish Household* (New York: Simon and Schuster, 1983)
A readable account of Modern Orthodox Jewish practice by a well-known Jewish feminist.

LOUIS JACOBS, *Principles of the Jewish Faith* (Northvale, New Jersey, London: Jason Aronson Inc. rev., ed. 1988)
An accessible exposition of Maimonides' Principles of the Jewish Faith by an eminent British scholar.

RICHARD SIEGEL, MICHAEL STRASSFELD, SHARON STRASSFELD, *The Jewish Catalog* (Philadelphia: Jewish Publication Society, 1973)
A bestselling do-it-yourself guide to Jewish practice.

LEO TREPP, *The Complete Book of Jewish Observance* (New York: Behrman House, 1980)
A useful, comprehensive guide to Jewish living.

Chapter 5

NORMAN CANTOR, *The Sacred Chain* (London: HarperCollins, 1994)
A splendidly iconoclastic view of Jewish history and the Jewish future.

JONATHAN SACKS, *Faith in the Future* (London: Darton, Longman and Todd, 1995)
Reflections from the Chief Rabbi of the British Commonwealth on today's moral issues in the light of Orthodox Judaism.

SUSAN WEIDMAN SCHNEIDER, *Jewish and Female* (New York: Simon and Schuster, 1984)
A penetrating discussion of Judaism in the light of modern feminism.

STEPHEN SHAROT, *Messianism, Mysticism and Magic: A Sociological Analysis of Jewish Religion* (Chapel Hill: University of North Carolina Press, 1982)
A discussion of mystical and messianic beliefs by an Israeli sociologist.

BERNARD WASSERSTEIN, *Vanishing Diaspora* (London: Hamish Hamilton, 1996)
An examination of the recent history of the Jews of Europe focusing on the possible extinction of a Jewish presence by the mid twenty-first century.

中文索引

Kippur

贖罪日　Yom Kippur　19,50,97-99,109

英文索引

Lubavich 路拔維奇 59,96

Lulav 路來福 97

－M－

Maimonides 邁毛尼德 41,59,99,107,
109

Majdanek 馬達奈克 79

Marr, Wilhelm 威廉‧瑪爾 72

Marriage 婚姻 53,102-103,119

以色列 30,113

正統派猶太人 23-25,102

現代正統派猶太人 25

異族通婚 45,102,113,119

Masada 馬薩卡 51

matrilineal descent 母系後裔 31-33

Mattathias 瑪他提亞 47

Medina, Jewish community 麥地那的
猶太社群 58

Mendelssohn, Moses 摩西‧門德爾松
69

Messiah 彌賽亞 42,44,50,57,64,71

Mezuzah 經匣 22,48,91

Micah 彌迦 42

Midrash 米卓許 54

Mikveh 米克維 24

Mishnah 米示拿 31,53-55,59,97

missionary religions 傳教性的宗教 56-7

Mitnagdim 異議者 67,68

Mitzvah 米茲瓦 35

Mizrakhi 米拉其 30,74

Modern Orthodox Judaism 現代正統派
猶太教 24-25,71,89,92,94,102

Moed 摩伊 53

Mohel 摩海 100

Monotheism 一神教 59,85-87

Moses 摩西 19,25,40-41,87,96

Moses ben Maimon see Maimonides 摩
西‧班‧邁毛參見邁蒙尼德

Moses ibn Ezra 摩西‧伊本‧以斯拉 59

Muhammed 穆罕默德 58

Mysticism 神秘主義 65-67

－N－

Nashim 拿辛 53

Nasi, Judah ha- 猶大‧哈拿西 53-54

Nathan of Gaza 加薩的拿單 64

Nazis 納粹76-79

Nehemiah 尼希米 45

Neo-Orthodox see Modern Orthodox
Judaism 新正統派參見現代正統派
猶太教

Netherlands 荷蘭 60

New Testament 新約 50,51,56-57

New Yea see Rosh Hashanah 新年

Nezikin 尼辛金 53

Northern Kingdom 北國 42

－O－

Old Testament see Bible, Hebrew 舊約
參見希伯來聖經

Oral Law 口傳律法 50,53-56,87,90

Ordination 按立 53,54-55

女性 27,91,114-115,117

Orthodox Judaism 正統派猶太教

聖經
Tefillin 提福林 91
Ten Commandments 十誡 21,23,26,
    40,48,54
Ten Days of Penitence 十日懺悔 50,97
Ten Northern Tribes 北方十支派 42
ten plagues 十災 40
Tevet 特維月 99
Tiberias 提伯利亞 48
Tisha B'Av 亞筆月九日 99
Tohorot 陶郲羅 53
Torah 托拉 23,25,27,41,44-45,56,
    70,87,90,97
    卷軸 41,48,87,88,97
Torah in Derekh Eretz 托拉是地方宗
    教 29
Treblinka 翠比林卡 79
Truman, Hary S. 杜魯門總統 80
Tunisia 突尼西亞 36
Turkey 土耳其 59
Twelve Tribes 十二支派 40,41,42,73,
    108
Two Southern Tribes 南方兩支派 42
Tzaddik 義人 65-66
tzitzit see fringes, ritual 繸子

— U —

United States 美國 34-35,70-71,73,
    78,80,85,88,102
Ur 吾珥 40

— V —

Vilna Gaon 維爾納的加昂 67

Vizhnitz 維茲尼茨 67

— W —

Wannsee Conference 文西會議 78
wedding ceremony 婚禮 103
weeks see Shavuot 七七節
Weizman, Chaim 柴安・魏茲曼 75,
    79-80
West Bank 西岸 51,80
Wstern Wall 西牆 51,80
Wigs 假髮 20,93
wine cups 酒杯 48
Wine, Sherwin 塞溫・懷恩 27-28
Women 女性 23-24,25,87,92-93,100,
    112-117
    女性主義 114-117
    衣著 20,23,92-3
    西猶 54
    改革派猶太教 27,91,92,102
    按立 27,91,115,117
    崇拜 88-9,90-1
    教育 24,27,113,114
    會堂 88-89,115
    誡命之女 96,102,113,115
    離婚 27,30,53,115
World War II 二次世界大戰 29,34,
    73,75,76-81
World Zionist Organization 世界錫安
    組織 74-5,80
Written Law 成文律法 55,87,90,115

— Y —

Yahrzeit 週年悼親日 104

宗教的世界2

猶太教的世界
Judaism

作者	丹·康-沙塞保（Dan Cohn-Sherbok）
譯者	傅湘雯
主編	王思迅
責任編輯	張海靜　潘永興　王文娟
封面設計	徐璽
電腦排版	冠典企業有限公司
發行人	郭重興
出版	貓頭鷹出版社股份有限公司
合作出版	世界宗教博物館發展基金會
發行	城邦文化事業股份有限公司
	台北市信義路二段213號11樓
	電話：(02)2396-5698
	傳眞：(02)2357-0954
郵撥帳號	1896600-4 城邦文化事業股份有限公司
香港發行	城邦(香港)出版集團
	電話：(852)2508-6231
	傳眞：(852)2578-9337
新馬發行	城邦(新馬)出版集團
	電話：(603)2060-833
	傳眞：(603)2060-633
印刷	成陽印刷股份有限公司
登記證	行政院新聞局局版北市業字第1727號
初版	1999年12月
定價	180元

ISBN 957-0337-34-6(平裝)

國家圖書館出版品預行編目資料

猶太教的世界／丹‧康‧沙塞保（Dan Cohn
Sherbok）著：傅湘雯譯　　初版　　臺北市
：貓頭鷹出版：城邦文化發行，1999，民88
　　面；　　公分‧--（宗教的世界：2）
參考書目：面
含索引
譯自：Judaism
ISBN 957-0337-34-6　（平裝）

　1.猶太教

260　　　　　　　　　　　　　　　　88016737